Mimi
die Lesemaus

Ausgabe F

Ein Leselehrgang
von
Barbara Kiesinger-Jehle
Sabine Münstermann
Annette Webersberger

neu bearbeitet
auf der Grundlage der Ausgabe von
Waltraud Borries und Edith Tauscheck

Illustriert von
Janina Görrissen
Sandra Reckers
Vera Schmidt

Oldenbourg Schulbuchverlag, München

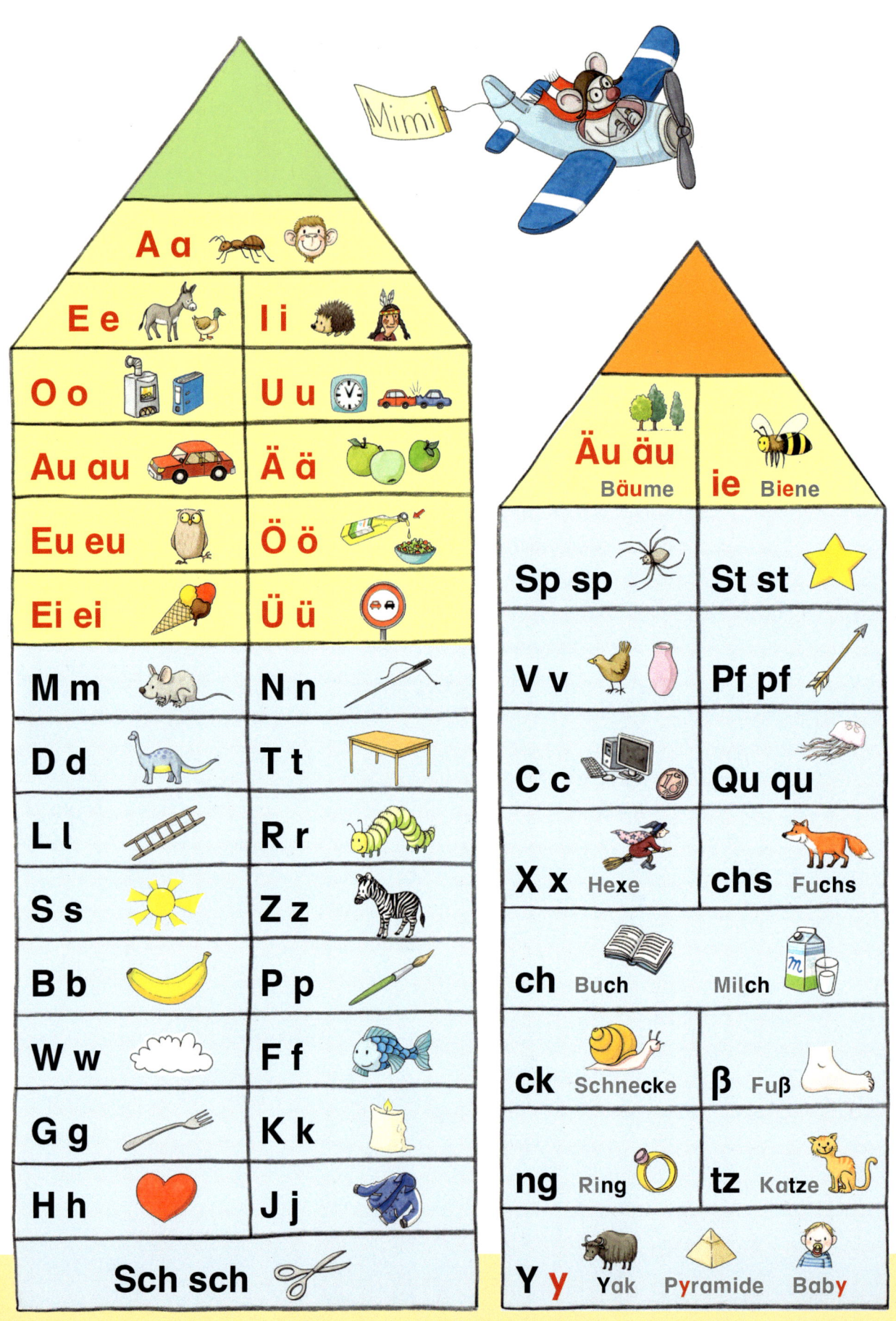

Mimi

A a		
E e	I i	
O o	U u	
Au au	Ä ä	
Eu eu	Ö ö	
Ei ei	Ü ü	
M m	N n	
D d	T t	
L l	R r	
S s	Z z	
B b	P p	
W w	F f	
G g	K k	
H h	J j	
Sch sch		

Äu äu Bäume	ie Biene	
Sp sp	St st	
V v	Pf pf	
C c	Qu qu	
X x Hexe	chs Fuchs	
ch Buch	Milch	
ck Schnecke	ß Fuß	
ng Ring	tz Katze	
Y y Yak	Pyramide	Baby

Was willst du schreiben?

Sprich deutlich und höre genau.

Lege für jeden Laut ein Steinchen.

Suche jeden Laut in der Tabelle.
Schreibe zu jedem Laut den passenden Buchstaben auf.

Korrigiere selbst oder zusammen mit einem Partnerkind.

7

So kann ich üben

Ich suche
gleiche Buchstaben.

Ein Partnerkind
kontrolliert.

Ich ertaste Buchstaben
mit verbundenen Augen.

Ich schreibe
Buchstaben
in Sand.

Ich bastle
mein eigenes
Buchstabenbuch.

Ich lese zusammen
mit einem Partnerkind.

Ich lege Wörter
mit Buchstabenkärtchen.

Ich arbeite
mit meinen
eigenen Wörtern.

Wir schreiben
eigene Texte
mit der Schreibtabelle.
Wir verbessern Fehler
gemeinsam.

In der Klasse

Muh, muh, muh,
ene mene muh.
Raus bist du!

15

A a

Mama am

am

Mama

Meine Mama
mag Mäuse.
Mich hat sie so lieb.
Manchmal sagt sie:
„Mein Mäuslein!"
Und ich sage:
„Piep!"

Ute Andresen

17

Mimi ist im   .

Mimi ist am 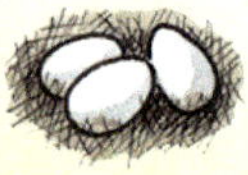 .

Mimi ist im  .

Mimi ist im  .

Mimi ist am  .

Im  ist Mami .

Im  ist Mimi .

Ist Mami in dem Boot?

Ist Mimi neben dem Igel?

Ist Mimi unter dem Nest?

Was macht Mimi?

Igel

O o

Montag

- [ ] S. 16
- ✏ Oma ist im...
- 💡 123 ✉

Oma   Mama
Omi   Mami

Oma am 🌳
Mama am 🌳

Oma
Omi
Oma am

Opa
Oma

Rosa
Dose

Obst

Lisa

Lina

An die
Eltern der
Klasse 1a

O

Ole
Anton
Mateo
Defne
Lotta
Nele

Liebe Oma,

das ist unsere Mimi.
Mimi ist so toll!

Dein Ole

Mimi freut sich. Sie darf Lina besuchen.

 „Wann sind wir da?"

 „Gleich Mimi.
Ich wohne in dem kleinen Haus
mit den blauen Fensterläden."

 „Was werden wir spielen?"

 „Wir können zusammen ."

 „Oder wir ."

Mimi und Lina haben viele tolle Ideen!

 „Was machen wir danach?"

 „Mama geht mit uns zu Oma.
Oma backt Kuchen."

 „Kuchen mag ich."

Und was magst du?

Ich habe mit Mimi einen Turm gebaut.

1. Lina
2. Mia
3. Tom

Tippkarten

Sprich zum Publikum!

Sprich deutlich!

L l

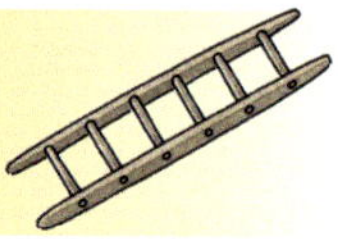

Mmm, Limo!

Lama Lola!

Am Lamm ist Mama.

Mia ist am lila Lama.

O, Mimi ist im  .

Das Lama lebt
in Südamerika.
Es kann
schwere Lasten tragen.

Aus seinen Haaren
wird Wolle gemacht.

Wenn es Angst hat,
spuckt es.

Lamm

Mimi   lila

Lola   Limo

Lama

T t

Mia malt .

Tom malt mit.

Tom malt lila

Timo malt toll.

Timo malt Mimi.

Timo malt Mimi mit .

Mimi ist am .

Die Temato,
die Tameto,
die Tamote,
nein, die Tomate!

Die Zitreno,
die Zetrino,
die Zotrine,
nein, die Zitrone!

So ein Warrwirr,
ja, so ein Wirrwarr!

am   im   toll   alt   mit

R r

Rat mal mit Mario !

Roma roma romi,
loma loma lomi,
lira lira lot —
ist .

Tari tari tori,
liri liri lori,
rola rola rila —
ist .

Zwei Rätsel

Es schwebt daher
ganz kugelrund,
durchsichtig, leicht
und herrlich bunt.

Entstanden ist's
durch einen Hauch –
lang lebt es nicht,
bald platzt sein
Bauch.

Es hat vier Beine
und kann nicht gehen,
muss immer
auf allen Vieren stehen.

rot

lila

lila

im   am   mit   mir   rot

S s

Lass los, Lotta!

Los, Timo!

Sara ist im Tor.

Lisa ist am Tor.

Ist Tom am Tor?

Ist Tom mit Lisa am Tor?

Timo ist am  .

Timo rast los.

Lotta rast los.

Also Lotta!

Sara, Sara!

Los, Lisa!

Kannst du das?

Kannst du den Ball …

… nach vorne schießen?

… nach hinten schießen?

… nach oben schießen?

… auf deinem Fuß tragen?

Was kannst du noch?

M □ s t

□ a t t

M / L a s t

a i s m

als   ist   so   also   soll   toll

E e

Emre: 🍞
Sara: Teller
     Messer
Lea: Tee

Ole: Salami
Emil: 🍎🍌🍇
Lisa: Salat
Mateo: 🧀

Isst Lea Salami mit Tomate ?

Total satt !

Emre isst alle Reste !

Isst Emil Salat ?

Äpfel und Trauben
waschen

Orangen und Bananen
schälen

Obst klein schneiden

alles in eine Schüssel geben
und mischen

Esel

W w

Wichtige Telefonnummern	
Papa Büro	891182
Mama Handy	01551-7243
Oma	712224
Dr. Walter	615233
Notruf	112

2. Was ist los, Oma Elli?

4. Ole ist am See. Er sammelt etwas.

6. Warte, Ole! Es ist Oma Elli.

Wo ist Ole?

Wer ...?

Was ...?

Wo ...?

Womit ...?

was   wo   wer   womit

U u

Am Turm

Oma wartet am Tor.
Luisa will mit Oma los.

Mama: Warte, Luisa!
Luisa: Warum?
Mama: Wasti muss mit.
Luisa murmelt: Immer muss Wasti mit.

Was will Luisa
mit Oma am Turm?
Was will Wasti?

💬 Warum soll Wasti mit?

das Ulmer Münster	der schiefe Turm von Pisa	Falterturm in Kitzingen

In Ulm steht
der höchste
Kirchturm
der Welt.

Er ist über
160 Meter hoch.

Der schiefe Turm
steht in der Stadt
Pisa in Italien.
Im Turm sind
sieben Glocken.

Er ist etwa
55 Meter hoch.

Dieser bayerische
Turm ist mehr
als 500 Jahre alt.
Sein Dach
ist ganz schief.

Er ist etwa
52 Meter hoch.

Wut

Wal

Tal

Turm

Ratte

Watte

Latte

Wurm

Mut

surrt

See

murrt

Tee

D d

Wer sammelt was?

Amiras Dose ist rosa.
Das sammelt Amira:
Lamas, Dromedare, Wale, Esel.

Emils Dose ist rot.
Sammelt er Wolle
oder Ritter?

Was tut Amira da
mit Emils Ritter?
Oooo, das ist dumm!

Lisa redet mit Amira.
Lass das, Amira!

Was sammelst du?

Das kannst du aus Dosen basteln

Lege farbiges Tonpapier
um eine Dose.
Klebe es mit Klebestreifen fest.

Binde ein schönes Band darum.
Du kannst die Dose auch
noch anmalen oder mit anderen
kleinen Dingen bekleben.

In der Dose kannst du Stifte
aufbewahren.

Was kannst du noch
aus Dosen basteln?

der das da du oder

Der Wind weht Mimi bis ans Meer. Sie landet etwas unsanft im Sand.

„Das ist keine ganz ungefährliche Art zu reisen."

„Du hast recht, aber es war sehr interessant.
Hast du schon einmal die Welt von oben gesehen?"

„Natürlich nicht, ich kann doch nicht fliegen."

Mimi zeichnet die Welt in den Sand.

„Schau, ich zeige es dir. So sieht die Welt von oben aus."

„Unglaublich! Du kannst prima zeichnen."

Da kommt eine große Welle und spült alles fort.
Mimi kann sich gerade noch am Seehund festhalten.

„Oh, das ist erfrischend."

„Vor allem ist es nass und hat einen seltsamen Geschmack."

Der Seehund lacht und schwimmt mit Mimi durch das Wasser.

„Setze mich bitte auf den Felsen ab.
Von dort kann ich gut weiterfliegen. Ich will andere Länder sehen."

„Mach's gut, kleine Mimi! Wohin fliegst du denn?"

40

Der Wind weht Mimi weiter.

Tippkarten

Sprich zum Publikum!

Sprich deutlich!

N n

Alle essen Nudeln

Nele und Anton wollen Nudeln essen.
Da ist Linus mit den Nudeln.
Was will er mit den Nudeln essen?
Will Linus Nudeln mit Linsen essen?

Nele will Nudeln mit Tomaten essen.
Anton will Nudeln und Salat essen.

Toto will Salami.
Toto soll warten.
Wo ist Toto?
O, Toto!

Nele
essen
wollen
Nudeln
Tomaten

Woher kommen die Nudeln?

Nudeln wurden vor langer Zeit
in China erfunden.
Dort werden die Nudeln
aus Reismehl hergestellt.

Zum Geburtstag gibt es
lange Reisnudeln.
Man sagt, diese Nudeln
sind so lang wie das Leben.
Sie heißen Shou Mian.

Heute gibt es Nudeln
in der ganzen Welt.

In Italien heißen sie Pasta.

In Griechenland gibt es Nudeln, die wie Reis aussehen.
Man nennt sie Kritharaki.

κριθαράκι

Verben

essen   rennen

wollen   sollen

Nomen

Wolle

Wanne

Sonne

Tanne

Tanne

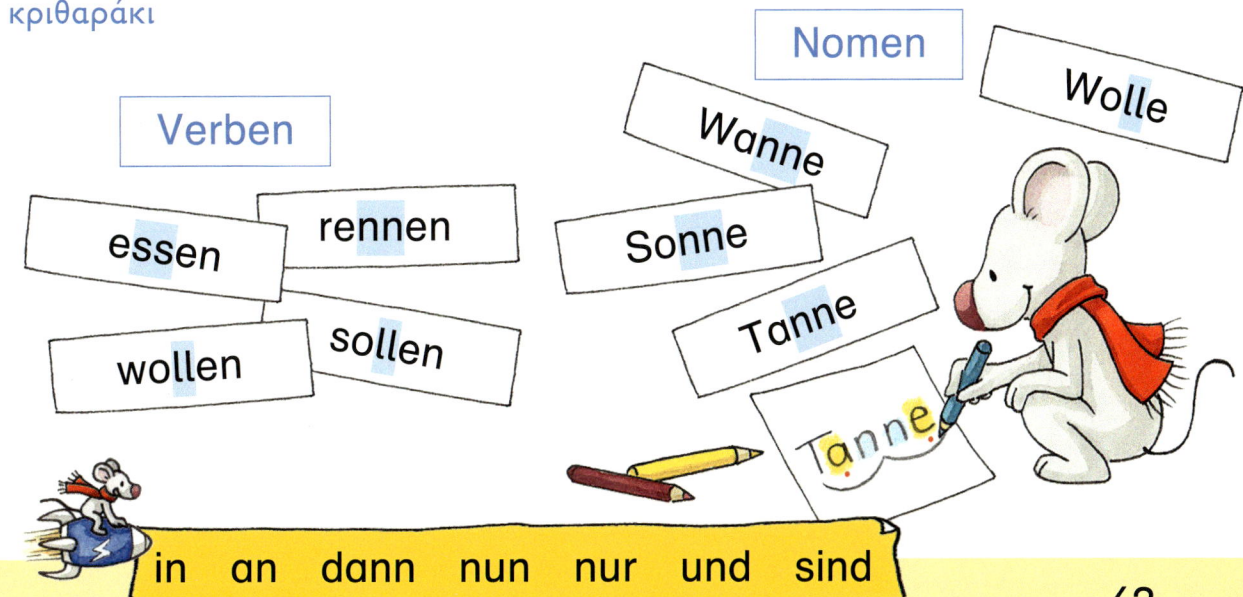

in   an   dann   nun   nur   und   sind

Sch sch

Luisa will schwimmen

Luisa: Mama, da sind
        Linus und Nele!

Nele rutscht ins Wasser.

Linus schwimmt schon.

Luisa: Schnell, Mama!

Mama: Moment!
        Erst musst du duschen.

Luisa: Wo denn?

Mama: Dort, wo das Schild ist.

Nun ist Luisa am Wasser.

Schon sind Nele und Linus da.

Linus: Willst du mit, Luisa?

Nele: Das Wasser ist warm.

Schild
duschen
schwimmen

Hände waschen

Muss wohl sein.
Seh ich ein.
Dreck muss weg.
Aber manchmal ist ein Tag,
wo ich nicht mag.
Da will man noch eine Weile
das Glitzern an den Händen haben
vom Sandtunnelgraben.
Oder Farbe vom Malen und so.

Friedl Hofbauer

💬 Überlege gemeinsam mit einem Partnerkind:
Wie hältst du deinen Körper sauber?
Macht ihr alles gleich?

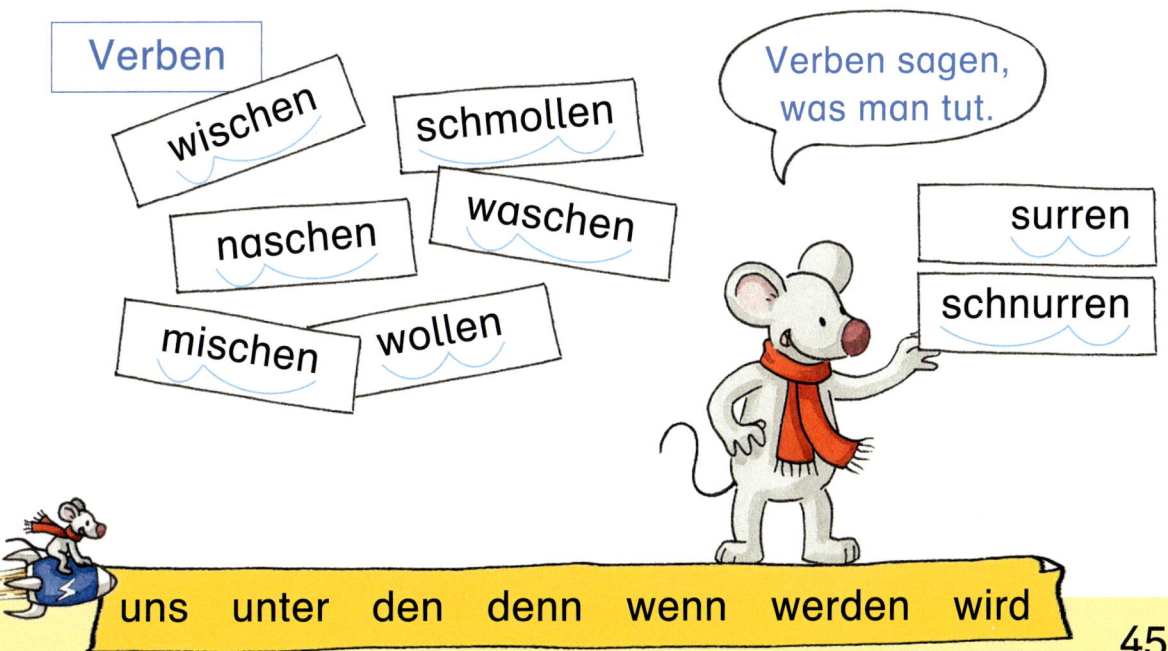

Verben

wischen
schmollen
naschen
waschen
mischen
wollen

Verben sagen,
was man tut.

surren
schnurren

uns   unter   den   denn   wenn   werden   wird

45

Ei ei

Miteinander in der Schule

So kommen wir gut miteinander aus:

Wir sind nett.   Wir teilen miteinander.

Das gelingt uns schon gut:

Das müssen wir noch üben:

Wir sind leise.   Wir melden uns leise.

Nur einer redet.
Und alle lassen den Einen reden.
Wir erwarten,
dass alle anderen dann leise sind.

Alle rutschen miteinander.
Nur Sara wartet allein an der Seite.
Sara weint.

Timo nimmt Sara in den Arm:
Los, Sara, rutsch mit uns!
Wir warten schon eine Weile.
O, Sara, warum weinst du?
Was ist denn los mit dir?

💬 Tauscht euch aus: Warum könnte Sara weinen?
Überlegt, wie ihr Sara helfen könnt.

ein eine meine sein nein weil weiter

K k

Katarina ist krank

Dominik kommt mit einer Karte.

Katarina nimmt Dominiks Karte: Danke, Dominik!

Schwester Karolin will wissen:

Kannst du denn schon lesen, Katarina?

Katarina antwortet: Na klar, Karolin!

Dann muss Dominik los.

Katarina meint:

Denk daran:

Sara soll kommen!

Der Doktor kommt.

Karte
Kekse
Kamm
Kissen
Krokodil

Im Krankenhaus

Ich lieg hier so allein
und rufe laut nach dir!
Klopf,
klopf!
Herein!
So tritt nur ein!
Und setz dich her zu mir.

Annette Webersberger

Schreibe eine Karte
an ein krankes Kind.
Wie gefällt die Karte
deinem Partnerkind?
Korrigiert gemeinsam.

49

B b

Bei den Rittern

Wer winkt oben im Turm?

Wen erkennst du
neben der Bank?
Wer badet im See?
Wo arbeitet ein Biber?

Wer schreibt etwas?
Wer lebt in der Kammer
neben dem Turm?

Wo ist der Nebel?
Wer kommt mit Brot
und bunten Blumen?

Brot
Bank
Nebel
Blumen

R ÜSTUNG
I NTERESSANT
T URNIER
T APFER
E CHT SPANNEND
R EITER

T OR
U HU
R IESIG
M ÄCHTIG

bleiben
arbeiten
lernen
toben
schreiben
baden
antworten
leben
Leben

aber   bei   bis   selbst

51

F f

Luisas Fische

Das sind Luisas Fische.

Kannst du alle Fische finden?

Sind es drei oder elf?

Im Sand am Boden ist ein Schiff.

Fridolin ist der rote Fisch. Wo schwimmt der lila Fisch?

Der kleinste Fisch ist in der Muschel.

Was klettert denn da am Rand?

Das Wasser ist immer warm.

Alle Fische bekommen Futter.

elf
finden
Fische
fressen
schlafen

Schlafen Fische?

Informiert euch:
Was fressen Fische im Meer?

Der größte Fisch der Welt

Der größte Fisch der Welt
ist der Walhai.
Er wird bis zu 18 Meter lang.
Die Haut des Walhais
ist blau mit hellen Flecken.

Der Walhai ernährt sich
nur von kleinen Krebsen
und Fischen.

Zum Fressen saugt er viel Wasser ein.
Dann drückt er es durch seine Kiemen wieder hinaus.
Die Nahrung bleibt dabei im Maul hängen.

💬 Wisst ihr, was Kiemen sind?

ⁱ 💬 Welches ist das größte Tier an Land?
Informiert euch in einem Lexikon oder
im Internet.

Futter
Sommer
Winter
Wasser
Bruder
Schwester

Au au

Eine Reise in den Weltraum

Eine Rakete rast in den Weltraum.

Der Mond kreist laufend
um unsere Erde.
Auf dem Mond lebt kein Baum.

Aber es waren schon
Menschen dort.
Mit einem besonderen Auto
kann ein Astronaut
auf dem Mond rollen.

laut
Auto
Rakete
Weltraum
Astronauten

Eine Astronautin muss
Ausdauer und Mut beweisen.
In der Rakete ist es immer laut.

Astronauten schweben
in der Rakete.
Denn Menschen sind
im Weltall schwerelos.

Aus dem Weltraum
erscheint unsere Erde blau.

💬 Tauscht euch aus: Was wisst ihr über den Weltraum?

👥 Sucht euch ein besonders schweres Wort aus dem Text.
Informiert euch gemeinsam, was es bedeutet. Schreibt es auf.
Korrigiert gemeinsam.

Tr | aum

l | k

r | aufen

Sch

B

bl

schl

r | au

auf   aus   im   am   neben   unter

G g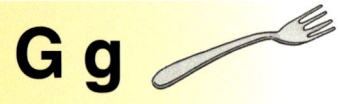

Montag	Dienstag	Mittwoch	Donnerstag	Freitag	Samstag	Sonntag
6	7	8	9	10	11	12

Timo feiert Geburtstag

Timos Geburtstag ist am Montag.

Er will feiern und einige Kinder einladen.

Timo ist schon aufgeregt.

Was wird er geschenkt bekommen?

Timo ruft bei Amira an.

Wir feiern meinen Geburtstag am Montag. Kannst du kommen?

O, toll! Danke, gerne! Also, dann bis Montag!

Meine Geburtstagsfeier

Wo: Gartengasse 20

Wann: am Montag

Bis bald!

Dein Timo

gern
sagen
Montag
Geschenk
Geburtstag

Geburtstagswünsche aus Deutschland

Schwäbisch

Aelles Guade zom Gebordzdag!

Bayerisch

Ois Guade zu deim Geburtstag!

Saarländisch

Alles Gudde for dei Gebordsdaach!

Vergleicht die Geburtstagswünsche. Was fällt euch auf?

Kennst du noch andere Geburtstagswünsche?
Schreibe einen Wunsch auf. Kontrolliert gemeinsam.

Welche Meinung habt ihr dazu:
Müssen Geschenke immer viel Geld kosten?

Burg   Burgen

Tag
Tage

Berg
Berge

Weg
Wege

Weg Wege

geben   sagen   fragen
gelb   gut   gestern   morgen

Der Wind weht Mimi durch ein Fenster in ein Haus.
Sie plumpst in eine große Schüssel
mit einer klebrigen Masse.

 „Pfui!"

 „Was fällt dir ein, komm sofort heraus!

 „Sehr gerne! Wenn das nur so einfach wäre!
Hilf mir lieber!"

Zwei spitze Ohren schieben sich über den Rand der Schüssel.

 „Halt! Ich habe es mir noch einmal überlegt!".

 „Nichts da! Du verdirbst noch den ganzen Honig.
Und ich bekomme wieder Ärger."

 „Honig? Der schmeckt ja köstlich!
Rechte Pfote, linke Pfote, rechte Pfote, ..."

 „Das wird allerfeinstes türkisches Baklava.
Und nun komm endlich heraus!"

 „Nun, für eine Maus wie mich
wäre das gefährlich."

 „Mach dir mal keine Sorgen.
Übrigens, ich fresse keine Mäuse."

Mimi klettert vorsichtig auf den langen
Löffel und verbeugt sich höflich.

 „Hallo, ich heiße Mimi."

 „Merhaba, benim ismim Minosch.
Komm, ich zeige dir unsere Stadt Istanbul."

Wohin trägt der Wind Mimi nun?

Tippkarten

Sprich zum Publikum!

Achte auf den Klang deiner Stimme!

Schlangen

Ringelnattern gibt es bei uns oft.
Es sind gute Schwimmer.

Ottern gibt es bei uns selten.
Ottern sind giftige Schlangen.

Seeschlangen leben im Meer.
Seeschlangen sind giftig.
Eine Seeschlange muss
Luft atmen, kann aber lange
unter Wasser bleiben.

Sandboas gibt es oft in Afrika
und Indien.
Das ist eine indische Sandboa.
Sandboas werden weniger als
einen Meter lang.

Schnecken

Schnecken leben meist auf dem Boden.
Wo eine Schnecke war, ist es schleimig.
Auf dem Schleim kommt eine Schnecke
schneller weiter.
Einige Schnecken schwimmen
im Wasser.

Oft fressen Schnecken Gras
oder ein Blatt.
Einige Schnecken fressen Fleisch.
Eine Baumschnecke kann
sogar einen Regenwurm fressen.

Mag eine Schnecke Regen?

i Informiert euch in Sachbüchern
oder in einem Lexikon:
Wo haben Schnecken ihre Augen?

? !

Wie betone ich
die Sätze richtig?

WasmageineSchnecke

Schneckensindlangsam

FasskeineSchlangenan

FressenSchneckenGras

Fressen Schnecken Gras?

P p  Pf pf

Porto

Mateos Papa plant eine Reise

Mateos Papa kommt aus Portugal.
Mateos Oma und sein Opa Pepe
leben dort in **Porto**.
Porto ist direkt am Meer.

Mateo findet Porto klasse!
Es gibt dort einen **Palast** und
eine **Ponte** mit dem Namen
Maria Pia.

Und in einem Park leben sogar
bunte Pfauen. Einige Pfauen pfeifen
und schreien oft laut.

Ende September beginnt
Mateos Reise. Toll!

 Was meint Mateo mit **Ponte**?

 Beschreibe einen Ort,
an dem du einmal warst.
Korrigiere mit einem
Partnerkind.

Zungenbrecher aus aller Welt

aus Portugal

A pia pinga, o pinto pia,
pinga a pia, pia o pinto,
o pinto perto da pia,
a pia perto do pinto.

aus Deutschland

Pferde mampfen gern
dampfende Äpfel.
Dampfende Pferdeäpfel
mampft niemand gern.

aus Spanien

Como poco coco como,
poco coco compro.

💬 Welcher Zungenbrecher fällt dir besonders schwer?
Erkläre den anderen, warum das so ist.

⬤ Kannst du noch andere Zungenbrecher?
Sprich sie anderen Kindern möglichst schnell vor.

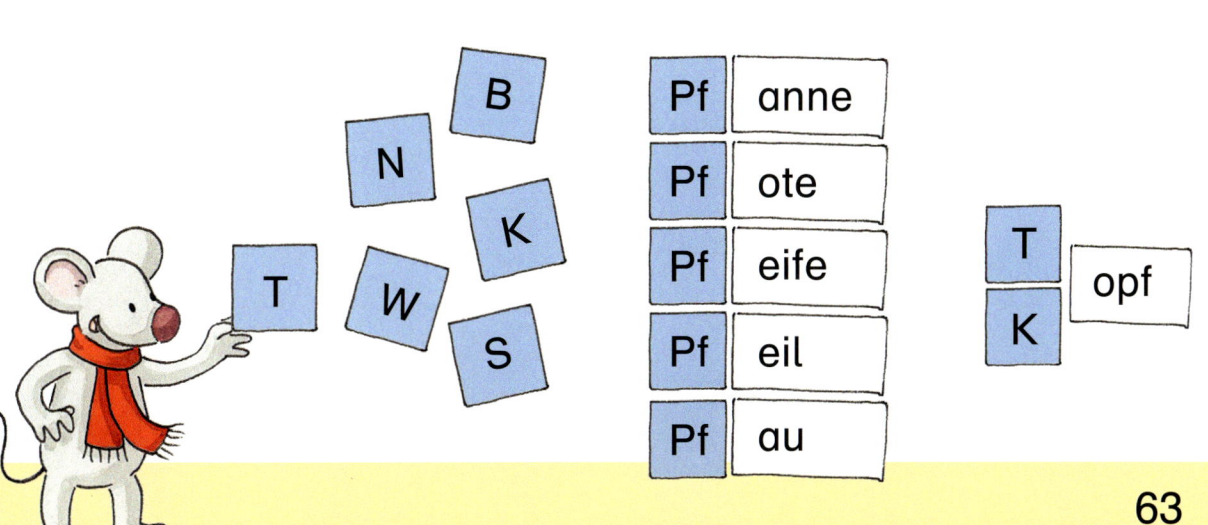

B		Pf	anne
N		Pf	ote
K		Pf	eife
T	W	Pf	eil
S		Pf	au

| T | opf |
| K | |

Das Riesenmaskenfest

Das Land der Riesen liegt tief im dunklen Wald
in den Bergen. Dort lebt der Riese Pompom.
Pompom ist aufgeregt.
Am Dienstag ist wieder das Riesenmaskenfest.
Alle Riesen und die Tiere aus dem Wald werden kommen.

Die Maus kommt als Biene.
Pompoms Bruder Pimpim bastelt an seiner Elefantenmaske.
Und die sieben Wiesel wollen als Indianer kommen.

Aber als was soll Pompom kommen?
Traurig liegt Pompom auf der Wiese am See.
Auf einmal ruft er laut: Das ist es!

 Als was wird Pompom
auf das Fest kommen?

Riesenwörter

Riesen
Riesenmasken
Riesenmaskenfest
Riesenmaskenfestessen

Bananen
Bananeneis
Bananeneistorte
Bananeneistorten... ?

Flaschen
Flaschenpost
Flaschenpostbrief
Flaschenpostbriefmarken
Flaschenpostbriefmarkenverkäufer

der	die	das
Wolf		

Alle Nomen haben einen Artikel.

Wiese

Brief   Apfel
Raupe   Papier
Onkel   Tier
Dienstag   Biene

die   diese   sie   wie   wieder

ß Fu<u>ß</u>

Draußen und drinnen

Lotta und Emre sind sauer.
Sie wollten Emil draußen im Park treffen.
Aber nun regnet es.

Lotta meckert: „Was sollen wir nun bloß tun?"
Emre meint: „Weißt du was?
                Wir erfinden Regenwetter-Reime."

Lotta grinst. Dann beginnt sie mit dem Reimen:

Lotta: „Sind die Regentropfen groß,
          reisen wir mit einem Floß!"

Emre: „Wenn Tropfen aus den Wolken schießen,
          muss ich keine Blumen gießen."

Lotta: „Auf einer kalten, nassen Bank,
          wirst du im Regen draußen ❓ ."

Emre: „Es sind die dicken Regentropfen,
          die laut an meine ❓ ❓ ."

 Erfinde selbst einen Regenwetter-Reim.
Schätzt ein, wie gut ihr schon reimen könnt.

Schreibt den Reim auf
und korrigiert gemeinsam.

Regenmusik

Regen kann sehr unterschiedlich klingen.
Regen kann ganz leise auf die Erde nieseln.
Dicke Tropfen können laut ans Fenster platschen.
Manchmal gibt es auch feste Hagelkörner,
die richtig Krach machen.
Bei einem Gewitter kommen noch Blitze,
Donner und Sturm dazu.

Versuche, diese Geräusche nachzumachen.
Benutze dazu deinen Körper oder Dinge,
die du im Klassenzimmer findest.
Du kannst dabei auch lauter und leiser oder
schneller und langsamer werden.

Du kannst die Regengeräusche
auch aufmalen.

Adjektive

groß krank warm
gesund kalt weit
eng klein

trocken

laut	leise
nass	

Adjektive sagen,
wie etwas ist.

67

Mitten in der Nacht

Es ist dunkel. Lukas liegt im Bett.
Durch das Fenster scheint der Mond.
Lukas kann nicht schlafen.

Was ist das?
Am Fenster kracht etwas.
Es knackt und faucht.
Da – ist das nicht ein Drache?
Sind da nicht seine riesigen Krallen?

Lukas sucht nach dem Licht.
Er schaltet es an.
Er schleicht ans Fenster.

Im Baum klettert Wuschel.
Wuschel ist Lukas' Kater.
„Miau", macht Wuschel.
Erleichtert legt sich Lukas
wieder ins Bett.

Schaut erst
nur das Bild an.
Was passiert dort?

68

Fünf Gespenster

Fünf Gespenster
hocken vor dem Fenster.
Das erste **schreit**: „HAAAAAAA!"
Das zweite **heult**: „HOOOOOOOO!"
Das dritte **brummt**: „HUUUUUUUU!"
Das vierte **lacht**: „HIIIIIIIII!"
Das fünfte schwebt zu dir herein
und **flüstert**:
„Woll'n wir Freunde sein?"

Dorothée Kreusch-Jacob

Lernt das Gedicht auswendig. Tragt es euch vor.
Schätzt ein, ob ihr alles gut betont habt.

such**en**

er such**t**

fauch**en**

lach**en**

schleich**en**

riech**en**

mach**en**

brauch**en**

er brauch**t**

ich dich nicht leicht durch doch nach

H h

Der Hase und der Igel

 Eines Tages begegnete der Igel dem Hasen.

Der Hase lachte den Igel aus:

„Du hast aber krumme Beine!"

Der Igel wollte sich das nicht gefallen lassen.

Deshalb sagte er: „Lass uns um die Wette laufen!"

Heimlich bat der Igel seine Frau: „Hilf mir!"

Sie antwortete: „Komm, lass mich nur machen."

 Der Hase und der Igel liefen los.

Der Hase lief in der einen Ackerfurche,

der Igel in der anderen.

Doch nach drei Schritten duckte sich der Igel.

Der Hase aber sauste weiter.

 Am Ende der Furche wartete die Igelfrau und rief:

„Ich bin schon da!"

Der Hase wunderte sich. Das konnte doch nicht sein!

Er rief: „Lass uns noch einmal laufen!"

Der Hase rannte, dass ihm die Ohren um den Kopf flogen.

Da rief der Igel wieder: „Ich bin schon da!"

Der Hase regte sich auf und wollte
noch einmal und noch einmal laufen.
Er rannte so oft, dass er schließlich umfiel.
Immer gewann der Igel.
Immer rief der Igel: „Ich bin schon da!"

Der Igel und seine Frau
gingen froh nach Hause.

💬 Welchen Plan hat die Frau des Igels?

ⁱ💬 Informiert euch: Wie können wir Igel schützen?

Igel	Hase
schlau	gemein

dumm   froh

krumm

schnell   lang

langsam

hoch   her   hinter
haben   hat   holen   holt   gehen   geht

Ein Plakat in der Klasse

Das kann ich schon gut:

- Laute aus Wörtern heraushören |||
- Wörter in Silben gliedern ||||| |
- Vokale in Silben und Wörtern markieren ||
- Sauber in Linien und Kästchen schreiben |/|
- genau hinhören, wenn andere etwas sagen |||||
- mit einem Partnerkind üben |||

- Märchenfiguren erkennen ||
- Rätsel lösen |
- andere Kinder trösten ||||

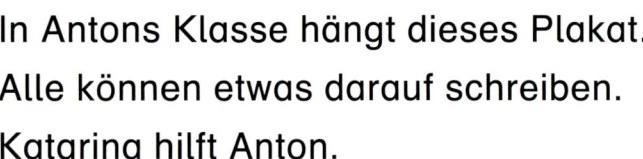

In Antons Klasse hängt dieses Plakat.

Alle können etwas darauf schreiben.

Katarina hilft Anton.

💬 Erkläre den anderen,
was du schon kannst.
Was musst du noch mehr üben?

👥 Gestaltet noch ein anderes Plakat.
Ihr könnt zum Beispiel darüber schreiben:
So sind Mädchen – So sind Buben

Das fällt mir noch schwer: (Erkläre, warum!)

- beim Üben in der Klasse flüstern ||
- ohne Schreibtabelle etwas schreiben ⫲ ||
- meine Wörter gründlich prüfen |||
- beim lauten Lesen richtig betonen
- kleine Geschichten flüssig lesen |

- nicht immer gleich wütend werden
- allen in der Gruppe sagen, dass ich Angst habe

Das will ich morgen üben: ...

Hand	Hände	Gemüse
Korb	Körbe	Löwe
Kuss	Küsse	Blüte

für   fünf   grün   schön   böse   üben   über

Mit einem Windstoß landet Mimi
in Venedig direkt auf der Rialtobrücke.
Eine kleine Gestalt mit langem Umhang
und bunter Maske spricht sie an.

 „Bon giorno, mouse."

 „Hallo, wer bist du?"

 „Ich bin Antonio."

 „Warum trägst du eine Maske?"

 „Wir feiern Karneval.
Da tragen wir alle
unsere weltberühmten Masken."

Mimi bewundert die schönen Masken der Leute.

 „Die ist ja schön! Ach, da ist eine mit Gold
verzierte Maske! Die rote gefällt mir noch besser".

Als Mimi sich wieder umdreht, ist Antonio verschwunden.

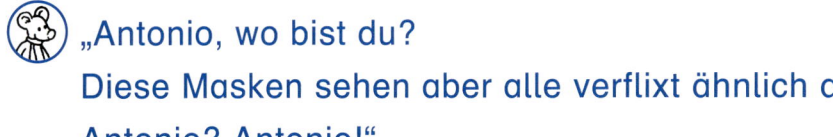 „Antonio, wo bist du?
Diese Masken sehen aber alle verflixt ähnlich aus!
Antonio? Antonio!"

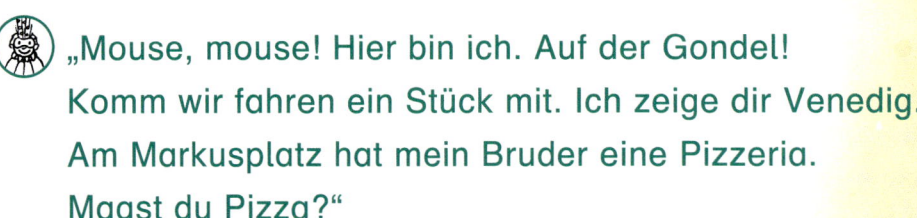 „Mouse, mouse! Hier bin ich. Auf der Gondel!
Komm wir fahren ein Stück mit. Ich zeige dir Venedig.
Am Markusplatz hat mein Bruder eine Pizzeria.
Magst du Pizza?"

„Ciao, Antonio!
Mio amico!"

Tippkarten

Setze
Gesten ein!

Achte auf den Klang
deiner Stimme!

St st ⭐ Sp sp

Spiele mit Steinen

Wer ist geschickt?

Nimm einen Stein.

Lege ihn auf deinen Fuß.

Nun geh langsam.

Dann geh schnell.

Spring auf einem Bein.

Steig auf einen Stuhl.

Der Stein darf nicht runterfallen.

Macht das Spaß?

Steine fühlen

Mehrere Kinder spielen mit.

Alle Kinder bringen einen besonderen Stein mit.

Sie schauen sich ihren Stein genau an und befühlen ihn.

Ist er glatt oder stumpf, flach, rund oder eckig?

Nun schließen alle Kinder die Augen.

Alle Steine werden in die Mitte gelegt.

Mit geschlossenen Augen müssen die Mitspieler

ihren eigenen Stein wiederfinden.

🟡 Kennst du auch ein Spiel mit Steinen? Beschreibe es.

ℹ️💬 Überlegt: Wo findet ihr noch andere Spiel-Ideen?

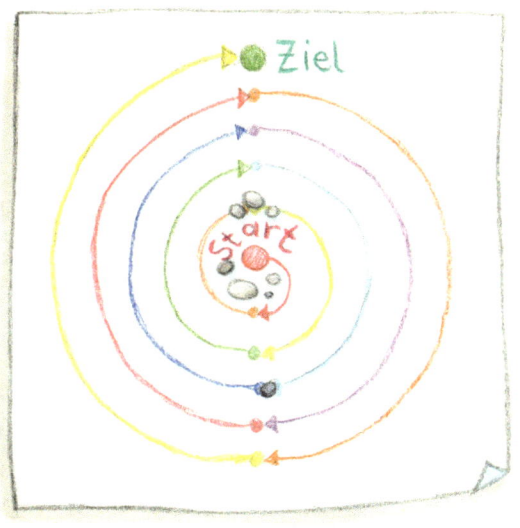

Ein Steinspiel aus Kenia

In Kenia spuren die Kinder
eine Spirale in den Sand.
Die Spirale kannst du aber auch
auf ein großes Blatt malen.

Alle Mitspieler legen für sich einen Stein
auf den Startpunkt der Spirale.
Nun ist der erste Spieler an der Reihe.
Er schließt einen Stein in die rechte oder linke Hand ein.
Die anderen Kinder raten, in welcher Hand der Stein ist.
Wer richtig rät, darf mit seinem Stein auf dem Spielfeld
eine halbe Runde weiter ziehen.

Dann kommt der nächste Spieler dran.
Wer zuerst am Endpunkt der Spirale ist, hat gewonnen.

St	st
der **St**ein	**st**ehen

Sp	sp
das **Sp**iel	**sp**rechen

Stift   stören   Sport   streiten   Spinne

sparen   Stunde   spielen   Stern

Z z

Ganz besondere Einkaufszettel

Luisa
- zwei Zitronen
- zehn Äpfel
- zwölf Aprikosen
- zwanzig Wurzeln
- zwei Melonen

Ole
- zwei Zahnbürsten
- eine Tube Zahnpizza
- einmal Zahnseide
- fünf Zahnstocher

Sara
- ein Päckchen Weizenmehl
- ein Päckchen Zucker
- ein Tütchen Zeit
- drei Eier

Mateo
- eine winzige Puppe
- einen kleinen Zug
- zehn schwarze Zehen
- zwei Holztürme

 Auf allen Einkaufszetteln passt etwas nicht dazu. Könnt ihr es entdecken?

Lotta

- zappelnde Ziegen
- zuckersüße Zahlen
- zwickende Zeichenblöcke
- Zahnzieherbonbons

Luis

- eine Hose aus Holz
- Kerzen aus Schokolade
- ein Herz aus Kaugummi
- eine Kappe aus Zweigen

 Schreibe selbst einen lustigen Einkaufszettel.
Wie gefällt er deinem Partnerkind?

Tiere	Pflanzen	Lebensmittel
Pferd	Strauch	**???**

Gras · Brezel · Zwiebel · Katze · Zucker · Zebra · Rabe · Salz · Baum · Esel · Löwenzahn · Raupe · Ziege · Pizza

zu   zum   zur   Zeit   ganz

Eu eu

Eine tolle Freundin !

Linus sitzt auf dem Boden und heult.
Er hat heute seine neue Uhr
im Schulbus liegen gelassen.
Darüber ärgert er sich sehr.

Nele sieht, wie Linus heult.
Sie guckt ihn zuerst an. Dann geht sie weg.
Etwas später kommt Nele mit einem Blatt Papier zurück.
Darauf hat sie eine Uhr gemalt. Nele lächelt Linus an.
Dann umarmt sie ihn und schenkt ihm das Bild.
Linus freut sich sehr darüber. Nele ist eine tolle Freundin!

Am nächsten Tag
schreibt Linus
Nele einen Brief:

Liebe Nele,
du bist wirklich eine treue Freundin!
Wenn du auch einmal Hilfe brauchst,
dann komm doch bitte zu mir.

Liebe Grüße!
Dein Freund Linus

💬 Wieso freut sich
Linus so über
Neles gemalte Uhr?

Zum Heulen

Wenn ich etwas
zum Heulen finde,
heule ich mich leer.
Kummer schlucken
macht mich wütend
und das Herz mir schwer.

Wenn ich etwas
zum Freuen finde,
freue ich mich satt.
Und ich teile
meine Freude
mit dem, der keine hat.

Ute Andresen

Schaut euch die Bilder an.
Erfindet eine Szene dazu und
spielt sie nach.

der   die   das

Freund   Feuer   Euro

Spielzeug

Freude   Freundin

Eule   Beutel   Heu

Kreuz   Zeugnis   Abenteuer

81

V v

Ein Vogelnest im Frühling

1. Im Frühling bauen die Vögel
ein Nest, gut geschützt
in einer Hecke oder einem Baum.

2. Wenn das Nest fertig ist,
legt das Vogelweibchen
mehrere Eier in das Vogelnest.

3. Dann beginnt das Vogelweibchen
zu brüten.
Es hockt sich in das Nest und
wärmt die Eier.

4. Nach ungefähr vierzehn Tagen
ist es soweit:
Die kleinen Vögel schlüpfen.
Sie haben noch geschlossene Augen
und sind ganz nackt.

5. Das Vogelmännchen und
das Vogelweibchen müssen
von nun an viel Futter herantragen.
Die Vogelkinder sperren
ihre kleinen Schnäbel weit auf.

6. Eines Tages wollen die Vogelkinder
das Nest verlassen. Das Fliegen
ist anfangs gar nicht einfach.
Lange noch folgen die kleinen Vögel
den Eltern und betteln um Futter.

Welches Bild passt zu welchem Absatz?

Wie verhältst du dich, wenn du ein Vogelnest entdeckst?
Begründe deine Meinung. Tauscht eure Meinung aus.

Haus

Vogel   Nest

Weibchen   Schnabel

Feder

Futter   Männchen

Ei

vor   von   vier   viel

das Vogelnest
die Vogelfe

Äu äu  Bäume

Unsere Träume

„Kunterbunte Häuser
fände ich total klasse!"

„Ich wünsche mir,
dass sich meine Eltern
wieder vertragen!"

„Ich möchte als Verkäuferin
arbeiten, damit ich Geld
zum Leben verdiene!"

„Ich träume davon, dass ich
auf Bäume klettern kann!"

„Ich träume davon, so viel
Geld zu haben, dass ich mir
alles kaufen kann!"

„Eine Welt
ohne Zäune wäre prima!"

💬 Welcher Traum gefällt dir besonders? Begründe.
Welcher Traum gefällt eurer Klasse am besten?

💬 Vergleicht die Träume miteinander.
Was fällt euch dabei auf?

Wenn Menschen oder Tiere träumen

Träume

Was träumt der Spatz
bei Wind und Sturm?
Von einem fetten
Regenwurm.
Was träumt die Raupe
auf dem Stein?
Vom Falterflug im
Sonnenschein.

Was träumt der Krebs
so dann und wann?
Dass er auch vorwärts
laufen kann.

Alfred Könner

Dieses Bild hat der Maler Franz Marc gemalt.

Male dein eigenes Traumbild.

 Schreibe etwas zu dem Bild oben.
Frage einen Erwachsenen,
wenn du nicht weißt,
wie ein Wort geschrieben wird.

J j

Jedes Jahr wieder

Jedes Jahr im Januar
ist es kalt. Dann hole ich
meine Winterjacke heraus,
damit ich nicht friere.

Jedes Jahr im Fasching
verkleide ich mich.
Letztes Jahr war ich
ein Jaguar.

Ich feiere jedes Jahr
Weihnachten und Ostern.
Mein Freund Emre
feiert das Zuckerfest.

Jedes Jahr gibt es
einen Frühling, einen Sommer,
einen Herbst und einen Winter.
Nach dem Winter freue ich mich
immer auf das Frühjahr.

Im Juni und Juli
ist es jedes Jahr warm.
Wenn es zu heiß ist,
jammere ich, weil ich schwitze.

👥 Lest euch abwechselnd
einen Abschnitt vor.
Beurteilt euren Vortrag.

💬 Was macht ihr jedes Jahr?

Schreibe auf, was du
jedes Jahr machst.
Prüfe mit einem Partnerkind.

Die Jahresuhr

Text und Melodie: Rolf Zuckowski © Musik für dich

Ja-nu-ar, Fe-bru-ar, März, A - pril, die Jah-res-uhr steht nie-mals still. Mai, Ju - ni, Ju- li, Au-gust, weckt in uns al-len die Le-bens-lust. Le-bens-lust. Sep-tem - ber, Ok - to - ber, No - vem - ber, De - zem - ber, und dann, und dann fängt das Gan-ze schon wie-der von vor-ne an.

Der Schneemann	jagt	eine rote Jacke.
Der Jaguar	kauft	eine Antilope.
Der Junge	trägt	einen Jogurt.
Mein Freund	isst	einen Hut.

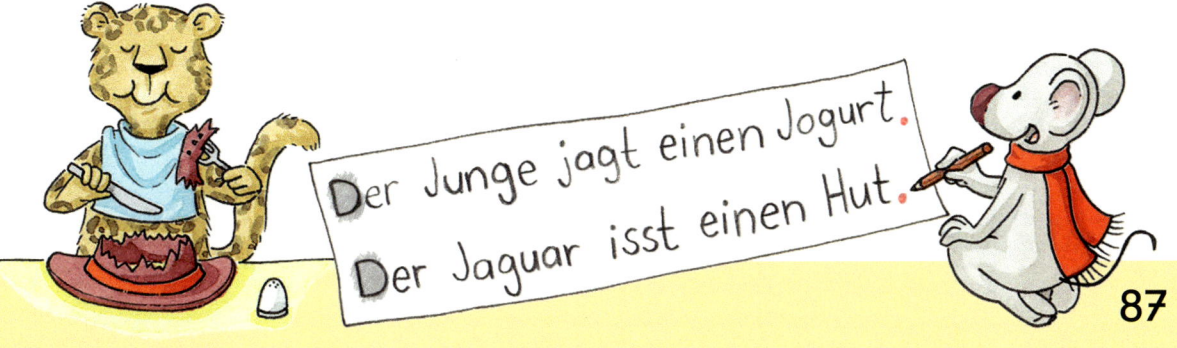

Der Junge jagt einen Jogurt.
Der Jaguar isst einen Hut.

Qu qu

Wie quakt der Frosch?

Quak, quak

Qua, que, qui, quo, quu,
du lieber Quakfrosch du!
Quake laut und quake leise,
quake eine Quakfrosch-Weise.
Qua, que, qui, quo, quu,
du lieber Quakfrosch du!

Anna Möss

Wie quakt der Frosch?

Frösche leben immer in der Nähe von Wasser,
an Teichen, Tümpeln oder im Gras.
Die Wasserfrösche sind Meisterquaker.
Die Männchen haben zwei Schallblasen
hinter den Mundwinkeln.
Mit diesen können sie mächtigen Lärm machen.

Der Frosch bläst seine Schallblasen auf.
Dabei entsteht das Quaken.
Damit werden die Weibchen angelockt.

Buchtipps der Klasse 1 b

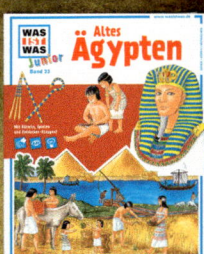

Hörbuch

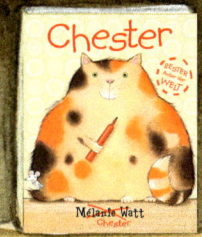

Mein Lieblingsbuch

Titel: Yoko mischt die Schule auf

Autor: Knister

Davon handelt das Buch: …

Warum ich es mag:
Ich mag es, weil es lustig ist.

> Yoko ist ein Yeti.
> Er futtert am liebsten Tiefkühlkost.
> Und er kann rappen,
> bis ihm die Ohren flattern. …

> Mein liebstes Buch
> ist das Buch über
> Pyramiden, weil …

> Als nächstes
> will ich **?** lesen,
> weil …

Mein **Lesetagebuch**
für zu Hause

Dieser Text hat mir
besonders gefallen:

Datum	Titel	Zeit
11. 3.	Fibelseite 50	3 Min.
16. 3.	Bitte anstellen	1 Std.
28. 3.	Osterhasen	45 Min.
2. 4.	Ist 7 viel?	32 Min.

Diesen Text fand
ich noch schwer:

Im roten Campingwagen saß
ein bunter Clown und aß
mit Tante Lila Blumenstiel
eine ganze Schüssel – VIEL zu VIEL –
Creme und Schokolade ...
... schade !

Was ein Computer alles kann

Papa hat Lukas und Katarina gezeigt,
wie man Gedichte am Computer schreiben kann.
Mit der Maus kommt Lukas schon gut zurecht.
Aber es ist nicht leicht,
die Buchstaben auf der Tastatur zu finden.

Mit dem Computerprogramm kann man
die Gedichte schön gestalten.
Katarina ändert die Farbe und die Schriftart.
Lukas stellt die Schrift größer.
Katarina malt sogar noch ein Bild dazu.

Schätzt ein, was ihr schon gut
am Computer machen könnt.

Xenia mit dem Hexenbleistift

Xenia Krötenbein ist eine Schulhaushexe.

Sie lebt in der Schule ganz oben unterm Dach.

Xenia ist sehr klein. Sie hat kurzes schwarzes Haar

und trägt eine viel zu große lila Brille.

Xenia hat keinen Hexenbesen, sondern einen Hexenbleistift.

Am liebsten versteckt sich Xenia im Klassenzimmer

und hext dort herum.

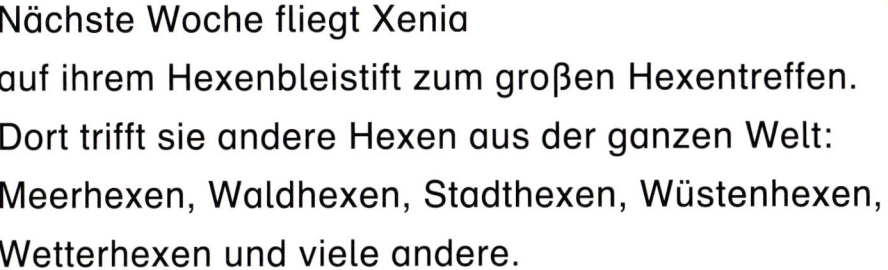

Himpel, pimpel,
Saus und Braus –
auf der Tafel
sitzt eine Maus.

Katzenschwanz
und Hustenpille –
Frau Grün hat
eine rosa Brille.

Nächste Woche fliegt Xenia

auf ihrem Hexenbleistift zum großen Hexentreffen.

Dort trifft sie andere Hexen aus der ganzen Welt:

Meerhexen, Waldhexen, Stadthexen, Wüstenhexen,

Wetterhexen und viele andere.

● Wie sehen wohl die anderen Hexen aus?
  Male oder beschreibe sie.

 Denke dir eigene Hexensprüche aus.

Bei heftigem Wind landet Mimi mit einem
kleinen Purzelbaum auf einem Balkon.
Sie blickt in zwei schwarze kleine Augen.

 „Hallo! – H-a-ll-o!"

 „Hello!"

 „Wie heißt du?"

 „What's your name?"

 „Mein Name ist Mimi."

 „My name is Jonny."

 „Was machst du da?"

 „I'm waiting."

 „Wie bitte?"

 „Ich warte."

 „Ach so.
Bin ich noch rechtzeitig
zur Wachablösung gekommen?"

Plötzlich erschallt laute Musik und der Wachwechsel beginnt.
Die Wachen marschieren in prächtigen Uniformen über den Platz.

 „Komm Mimi, schnell! Come on, let's go!
Jetzt passt niemand auf.
Ich weiß, wo es leckeren Käse gibt.
Meine Freunde kommen auch – my friends."

Mimi spannt ihren Schirm auf und ruft:
„Good bye! Thank you! Danke!"

Tippkarten

Sprich deutlich!

Stelle Gefühle mit Mimik dar!

Begleitet mit passenden Geräuschen!

Unsere Briefe und Mimi-Geschichten

Mimi reist nach Afrika.
Dann reitet sie auf einem Löwen
nach Amerika. Dort trifft sie
einen Jaguar. Der Jaguar rennt
hinter Antilopen her.

Hallo Mimi,
ich war auf Sardinien.
Da habe ich eine Freundin
gefunden. Aber ich weiß nicht
mehr wie sie heißt.
Ich mag Pferde und reite gerne.
Ich schwimme aber auch gerne.
Deine Viola

An: mimi@mausmail.de
Von: yannik@tigermail.de

Liebe Mimi,

ich war in Frankreich.
Wir waren mit dem Wohnwagen unterwegs.
Wir sind auf der Fähre gefahren.

Liebe Grüße!

Dein Yannik

Nachricht 24

Hallo, bin in Australien.
Hier ist es toll! So viele
Kängurus! Wie geht es
euch? LG, eure Mimi

Nachricht schreiben

Schreibe auch etwas
über Mimi oder an Mimi.

Kannst du eine Geschichte
zum letzten Bild schreiben?

Schwarze Augen

Ich heiße Mathieu
und sehe niemandem ähnlich.
Ich habe Locken wie ein Schaf,
eine kleine Mäusenase
und rabenschwarze Augen.

Sie sind schön, meine Augen, aber sie sehen nichts.
Denn ich bin blind. Seit meiner Geburt.
Im Dunkeln habe ich keine Angst. Weil ich immer im Dunkeln bin.
Ich habe aber nicht nur die zwei Augen, die nichts sehen.
Ich habe noch andere Augen, mit denen ich alles sehe.

Ich habe **Ohren-Augen**, die mir die Farbe der Vogelstimmen verraten,
Finger-Augen, die dem Unsichtbaren Gestalt geben,
und **Augen an den Zehen**, die mir sagen,
ob das Gras noch feucht ist.

Ich habe **Nasen-Augen**,
mit denen ich Menschen und
Popcorn sofort am Geruch
erkennen kann,
und ich habe **Mund-Augen**,
die mir zeigen, wie alles schmeckt.

Gilles Tibo

👥 Lass dich mit geschlossenen Augen
von einem Partnerkind durch die Klasse führen.
Beschreibe, wie du dich dabei fühlst.

Eine Schrift für blinde Menschen

Vor über 200 Jahren erfand ein Franzose
eine Schrift, die Blinde lesen können.

A	B	C	D	E	F	G	H	I	J	K	L	M
N	O	P	Q	R	S	T	U	V	W	X	Y	Z
Ä	Ö	Ü	EI	IE	AU	ÄU	EU	CH	SCH	ST	ß	

Jeder Buchstabe besteht aus einem Muster mit sechs Punkten.
Die hellen Punkte denkst du dir nur.
Die dunklen Punkte werden von hinten in das Papier gedrückt.
Deshalb kannst du sie mit den Fingern ertasten.

Könnt ihr dieses lange Wort lesen? Vergleicht eure Lösungen.

Eine Sprache für gehörlose Menschen

Hallo!   Herzlich   willkommen!

Manche Menschen sind
gehörlos. Sie können sich
aber trotzdem mit anderen
Menschen unterhalten.

Informiert euch, wie die Sprache auf den Bildern heißt.
Wo habt ihr schon Menschen erlebt, die sich so unterhalten?

Echte Kerle

Mädchen sind voll langweilig!
Die kämmen den ganzen Tag
ihre Puppen!
Und ziehen sie
an
und
aus
an
und
aus

an aus an aus an aus an aus an aus an

Mädchen nehmen ihre
Teddys mit ins Bett.
Die haben sonst Angst!
Die sind voll echt die Angsthasen!
Im Dunkeln machen die sich nämlich
in die Hose!
Nee – ins Nachthemd!

Und die haben auch
Angst vor Gespenstern!
G – G – Gespenster?
Die gibt's doch gar nicht?
Bestimmt nicht.
Nö.
Muss mal Pipi …
Auch mal …

Manuela Olten

● Erzähle mit deinen Worten, worüber die Jungen lachen.

👥 Vergleicht gemeinsam das erste mit dem letzten Bild.
Was fällt euch auf?

💬 Tauscht eure Meinung aus: Sind Jungen wirklich so?

🎭 Spielt die Geschichte mit euren eigenen Worten nach.

Familien sind verschieden

Bei Sofie zu Hause

Sofie lebt mit ihren Eltern,
ihrer kleinen Schwester
und ihrer Großmutter zusammen.
Sofies kleine Schwester heißt Teresa.
Sie stellt allerlei Unsinn an.

Neulich hat Teresa Wasser in Papas Pantoffeln geschüttet.
Als Papa abends von der Arbeit nach Hause kam,
hat er es nicht bemerkt.
Und so ist er in die nassen Pantoffeln geschlüpft.

Doppeltes Zuhause für Moritz

Moritz hat einen kleinen Bruder
und eine ältere Schwester.
Zusammen mit ihrer Mutter leben
sie in einer Wohnung.
Vor ein paar Jahren ist Moritz' Papa ausgezogen.
Aber Moritz und seine Geschwister besuchen ihn oft.

Darauf freut sich Moritz immer.
Er hat bei seinem Vater auch ein eigenes Zimmer.
Manchmal fragen seine Freunde, wo sein Zuhause ist.
Dann sagt Moritz: „Ich habe zwei Zuhause –
eins bei Mama und eins bei Papa."

Papa zu Hause bei Laura

Laura unternimmt sehr viel mit ihrem Papa.
Der ist am Nachmittag immer zu Hause.
Papa kümmert sich um Laura und um den Haushalt.
Laura liebt es besonders, mit ihm Kuchen zu backen.
Einmal sah der Kuchen sogar aus wie ein Marienkäfer!

Mama kommt meistens erst abends nach Hause.
Sie arbeitet nämlich den ganzen Tag in einem Büro.

Hasims große Familie

Hasim hat vier Geschwister. Alle leben
mit den Eltern und Großeltern zusammen.

Hasim und seine größeren Geschwister
helfen auch schon fleißig im Haushalt mit.
Hasim wird nie langweilig.
Immer ist ein Bruder oder eine Schwester
zum Spielen da.
Bei Hasim ist immer etwas los.

👥 Tauscht euch aus:
   Wie lebst du? Wie lebt dein Partnerkind?
   Wie leben die Kinder eurer Klasse?

🟡 Suche dir hier eine Familie aus.
   Vergleiche sie mit deiner Familie.

Mein Wochenende

Meine Schwester saß lange am Computer. Deshalb sind wir ohne sie ins Museum gegangen.

Ich habe bei einer Freundin Geburtstag gefeiert. Dort haben wir total lustige Spiele gespielt!

Wir waren im Fußballstadion. Das war so ein spannendes Spiel.

💬 Was macht ihr gerne am Wochenende?

🟡 Hast du ein Hobby? Erzähle oder schreibe etwas dazu.

15:00	**Nachrichten**
	Neues aus aller Welt
15:15	**Hallo Eltern!**
	Was Kinder sich wünschen
16:00	**Giraffen, Affen, Krokodile**
	Zoo-Geschichten
17:00	**Nachrichten**
	Neues aus aller Welt
17:15	**Heißer Herd**
	Kochshow mit Adriana & Andreas
18:15	**Gutenachtgeschichten**
TIPP	Maulwurf MacCool liest vor
18:30	**Bei uns zu Haus**
	Regionalmagazin

15:00	**Saxofon und Mikrofon**
TIPP	Mitmachmusik für Kinder
15:45	**Die Welt heute**
	Nachrichtenmagazin
16:00	**Ritter Roldino**
	Trickfilmserie
16:45	**Unsere schöne Erde**
TIPP	Wissenschaft für Kinder
17:30	**Die Welt heute**
	Nachrichtenmagazin
17:45	**Der Berg ruft**
	Abenteuer aus den Bergen
18:30	**Die kleine Sandfee**
	Geschichten zur Nacht

💬 Vergleicht: Wie wählt ihr eure Sendungen im Fernsehen aus?

Ein Buch im Kino

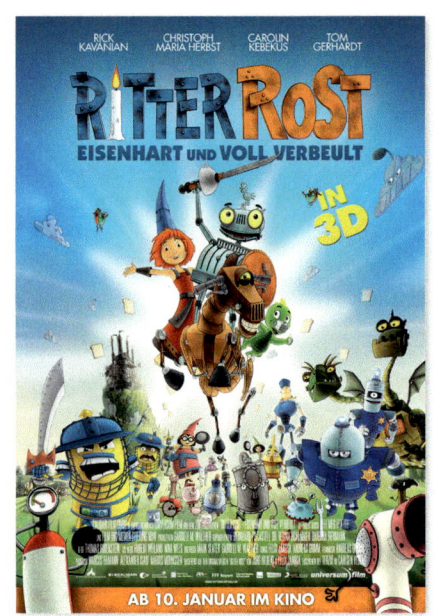

Emre erzählt:
„Kennst du die Bücher von RITTERROST ?
Ich finde die Geschichten total lustig!

Ich habe RITTERROST auch als Film
im Kino gesehen.
Das hat so viel Spaß gemacht!

Wir hatten alle 3D-Brillen auf.
Einmal habe ich gedacht,
dass Ritter Rost mich umreitet.

Die Musik im Film fand ich
aber manchmal zu laut.
Und manches in der Geschichte
war auch etwas anders als im Buch."

💬 Kennt ihr auch Geschichten von Ritter Rost? Erzählt sie.

🟡 Hast du auch schon einmal einen Film zu einem Buch gesehen?
Was war anders als im Buch? Was war genauso wie im Buch?

Findet heraus: Wie endet das Märchen?
Bringt Märchenbücher mit und erzählt das Ende eurer Klasse.

Gefühle

Ich bin glücklich, wenn …

… ich schwimme.

… mein Papa da ist.

… ich ein Eis bekomme.

… ein Streit vergessen ist.

… meine Hausaufgabe stimmt.

… ich eine Wette gewinne.

… ich Oma besuche.

… ich lachen kann.

Haile haile Säga,
drai Dag Räga,
drai Dag Sonnaschein,
wird scho wieder besser sei.

(aus Schwaben)

Heile, heile, Segen,
drei Tag Regen,
drei Tag Sunnaschei,
werd schon wieda besser sei.

(aus Bayern)

Heile, heile Seeche –
drei Tag Reeche.
Drei Tag Sonnenschein –
alles widder gutche sein!

(aus dem Rheingau)

Lest die drei Sprüche mehrmals laut.
Was fällt euch dabei auf?

Überlegt gemeinsam:
Früher haben Eltern oder Großeltern
diesen Spruch oft gesagt. Warum wohl?

Achtung, bissiges Wort!

Laura konnte Leo gut leiden.
Aber an diesem Tag hatte sich Laura
das rechte Knie zerschrammt.
Dann kam Leo und gewann
auch noch fünfmal beim Spielen.
Und da sagte Laura zu Leo:
„Du  !"

Leo wusste nicht genau, was ein  war.
Aber bestimmt nichts Nettes – so viel war ihm klar.
Also nahm er Ferdinand, seinen Lieblingsbären,
und ging nach Hause.
Leo blätterte in seinem Lieblingsbuch.
Laura hatte es ihm zum Geburtstag geschenkt.
„Ich geh rüber zu Laura", sagte Leo
zu seiner Mutter.

Das  verstellte ihm den Weg.
„Kommt nicht infrage!", sagte es streng.
„Weg da", sagte Leo.
„Du hast mir gar nichts zu verbieten!"
Er machte die Wohnungstür auf.
Da stand Laura vor ihm.

Edith Schreiber-Wicke / Carola Holland

👥 Lies die Geschichte
zusammen mit einem Partnerkind.
Erfindet einen Schluss.

Luft kann sehr viel

Luft ist überall und immer um uns. Wir brauchen Luft zum Atmen. Ohne Luft kann kein Mensch, kein Tier und keine Pflanze leben.

Mit Luft kannst du spannende Experimente machen!

Luft braucht Platz

Du brauchst:
→ eine Schüssel mit Wasser
→ ein Glas
→ ein Taschentuch aus Papier

1. Stopfe das Taschentuch fest ins Glas.

2. Tauche das Glas ganz gerade und kopfüber in die Schüssel mit Wasser.

3. Was passiert mit dem Taschentuch?

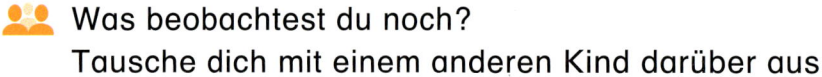 Was beobachtest du noch?
Tausche dich mit einem anderen Kind darüber aus.

Du kannst auch diesen Versuch durchführen:

1.

2.

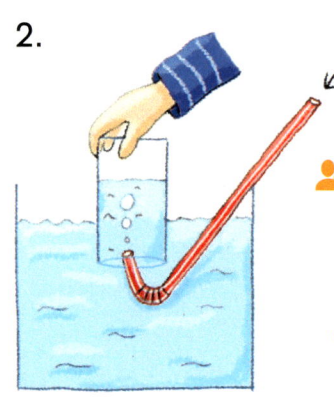

PUSTEN

Beschreibe den Versuch mit deinen eigenen Worten. Übe mit einem Partnerkind.

Erzähle oder schreibe auf. Was kannst du beobachten?

Luft kann bremsen

Ihr könnt auch diesen Versuch durchführen:
Veranstaltet Wettrennen mit geöffneten und
geschlossenen Schirmen.

● Wie fühlt sich das an?
  Beschreibe genau, was du spürst.

💬 Was wisst ihr noch
  über die Luft?

Luft-ELFchen

unsichtbar
am Himmel
lässt Blätter fallen
ich lasse Drachen steigen
Luft

überall
die Luft
um mich herum
ich atme sie ein
wunderbar

💬 Überlegt gemeinsam:
  Warum heißen diese Texte ELFchen?

● Schreibe dein eigenes ELFchen.
  Wie gefällt es den anderen Kindern?.

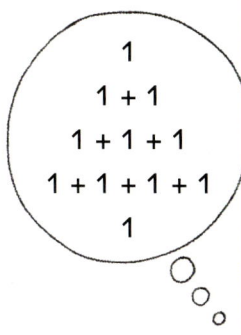

1
1 + 1
1 + 1 + 1
1 + 1 + 1 + 1
1

In der Bücherei

Jonas möchte sich in der Bücherei ein Buch ausleihen.

Da kann ich dir sicher helfen! Welche Geschichten meinst du denn? Suchst du ein Buch mit Rittergeschichten, Piratengeschichten oder Hexengeschichten?

Ich glaube, am liebsten möchte ich etwas über Wale lesen.

Guten Tag! Ich suche ein Buch mit spannenden Geschichten und tollen Bildern.

Denkst du an ein bestimmtes Tier?

Nein, ich suche ein Buch mit Tiergeschichten.

Hier ist etwas durcheinandergeraten:
Lest euch zuerst alle Sprechblasen durch.
Lest sie dann abwechselnd
in der richtigen Reihenfolge.

Ritter

Der Ritter der Nebelburg

Alte Burgen und Schlösser

Mein Tag im Pferdestall

Abenteuer mit Ritter Rübenkraut

Pferde

Mein großes Pferdebuch

Pommes, der kleine Pirat

Warum Mädchen Pferde lieben

Kleine Reitschule für Anfänger

Die schönsten Pferde-Bilder

Piraten

Wilde Räuber der Meere

Gefangen auf der Pirateninsel

Neue Geschichten von den zehn Piraten

Pirat Schwarzauge und das starke Mädchen

Mit den Spagetti-Rittern über sieben Meere

Lest euch die Buchtitel genau durch.
Was fällt euch auf?

Hast du einen Bücherei-Ausweis? Beschreibe, wie er aussieht.

Erkunde deine Bücherei:
Gibt es dort auch CDs, DVDs und Hörbücher?
Erkläre einem anderen Kind, was diese Wörter bedeuten.

Der Wutanfall

Timmi konnte wütend werden
wie ein wilder Löwe.

Timmi war neu in der Klasse.
Frau Müllka hatte ihn neben Ute gesetzt
und allen gesagt, dass sie nett zu Timmi sein sollen.

Das war nicht leicht.
Timmi benahm sich immer ganz komisch.
Wenn wir Fußball spielen wollten, spielte er nicht mit.
„Fußball spielen ist langweilig", sagte er.
Und wenn wir fragten, was er denn gerne machen würde,
überlegte er so lange, dass wir schon längst ohne ihn
angefangen hatten Fußball zu spielen.

Einmal sprang der Ball zu ihm.
Timmi lag auf der Wiese und schaute in den Himmel.
Timmi nahm den Ball in seine Arme und lief damit fort.
Wir sind hinter Timmi hergelaufen und haben gerufen:
„Timmi, gib den Ball her! Timmi, gib den Ball her!"

Als wir ihn endlich eingeholt hatten,
standen wir plötzlich vor dem Zimmer
von Frau Müllka.
Ich sagte noch ganz höflich:
„Komm, Timmi,
gib uns den Ball wieder",
da ging es los.

Er schrie dann: „Oh", er sprang dann hoch
und klatschte in die Hände.
Er reckte sich, er streckte sich
und heulte ohne Ende.
Er schimpfte laut, er suchte Streit und wollte alle kneifen.
Er wurde rot, er platzte fast, man hörte ihn dann pfeifen.
Wir dachten erst, er hätt' 'nen Knall,
dabei war's nur ein Wutanfall.

Wir waren still. So einen Wutanfall hatten wir noch nicht erlebt.
Die Tür ging auf und unsere Lehrerin fragte,
ob alles in Ordnung wäre. Wir nickten.
Aber sie sah nur, wie wir Timmi den Ball wegnehmen wollten.
Da half kein Betteln und Erklären. Frau Müllka glaubte uns nicht.
Wir mussten alle, außer Timmi, nachsitzen.

Timmi hatte auf mich gewartet.
Wir gingen gemeinsam nach Hause.
Ich fragte ihn, warum er denn so einen Wutanfall
bekommen hätte.
Da sagte er: „Wenn ich nicht so wütend wäre,
würdet ihr mich doch gar nicht beachten."

Erwin Grosche

 Lest die Absätze abwechselnd vor.
Achtet auf eure Betonung.

 Habt ihr eine Vermutung, warum Timmi
sich nicht beachtet fühlte?

 Tauscht euch über Timmis Verhalten aus:
Wie findest du es? Was meint dein Partnerkind?
Welche Meinung hat deine Klasse?

Käpten Knitterbart und seine Bande

Käpten Knitterbart war der Schrecken aller Meere.
Sein Schiff, der „Blutige Hering",
schoss schneller als der Wind über die Wellen.

Eines Tages überfiel Knitterbart wieder mal ein Schiff.
Aber das Schiff hätte er besser vorbeifahren lassen.
Denn an Bord war ein kleines Mädchen namens Molly.

„Für das Schätzchen bezahlen die Eltern jede Menge Lösegeld.
Wenn nicht, kommt sie zu den Haifischen."

„Das wird euch verdammt
leidtun", schrie Molly.
„Los, sag mir den Namen und
die Adresse deiner Eltern!",
knurrte Knitterbart.
„Sag ich nicht!",
knurrte Molly zurück.
„Wenn du den Namen
meiner Mutter hörst,
machst du dir vor Angst
sowieso in die Hose!"

Da ließ Knitterbart Molly schuften.
Sie musste Kartoffeln schälen und Stiefel putzen.
Sie musste Säbel polieren, Segel flicken und das Deck schrubben.
Dreimal am Tag fragte Knitterbart. Aber Molly grinste bloß.

„Pi – Pi – Pi -raten!!!!“, schrie plötzlich der Blaue Hein im Ausguck.

„Was soll der Blödsinn?“, brüllte Knitterbart.

„Wir sind doch die Piraten! Wer ist das zum Teufel?“

„Na, meine Mutter!“, sagte Molly und grinste. „Die Wilde Berta!
Wer sonst?“

Knitterbart wurde weiß wie Schlagsahne.

Dann enterte die Wilde Berta den „Blutigen Hering“.
Mit furchtbarem Gebrüll schwang sich ihr wilder Haufen
über die Reling.

„Na, mein Kind!“, rief die Wilde Berta und warf Molly hoch in die Luft.

„Weißt du denn eine schöne, scheußliche Strafe
für diese Dummköpfe?“

„Allerdings!“, sagte Molly.

Cornelia Funke

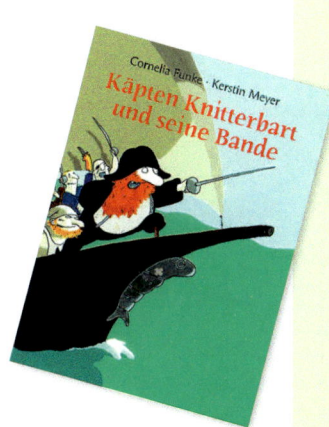

💬 Welche Idee hat Molly wohl als Strafe?

ⁱ💬 Welche Wörter kennst du noch nicht?
Was bedeuten sie? Informiere dich.

👥 Denkt euch zu diesen Wörtern Geräusche aus:
Wind, Ankerkette, Säbel, Wasser, Fische, ...

Sprachspielereien

Anna versteckt sich

ANNA hat sich heute Nacht
ein Versteckspiel ausgedacht.
Das wird lustig, denkt sie, denn
hinter einem Zaun aus N
kann ich gut verschwinden,
keiner wird mich finden.

Doch sie hat sich kaum versteckt,
da hat Karl sie schon entdeckt,
weil man ihre beiden A
durch den N-Zaun deutlich sah.

Hans Georg Lenzen

REGAL **OTTO** **LEBEN** **UHU** **NEBEN**

Lest diese Wörter von hinten nach vorne. Was fällt euch auf?

Lustige Zungenbrecher

Butz'sch z'erscht d'Zäh oder
bend'sch z'erscht d'Schuah?

Die Katzen kratzen im Katzenkasten,
im Katzenkasten kratzen die Katzen.

Fanni, fang!
Fuchzg frische, foaste, feine Forein.

● Kannst du auch ein Bild aus Wörtern malen?

Sara und Linus

„Sara, wo warst du nur?"
„**nusLi**, ich war im **laubUr**.
Dort schien die **neSon** den **zengan** Tag.
Das ist **waset**, was ich gar nicht so mag,
weil sich im Kopf dann **lesvie drehtum**."
„**meAr raSa**, das ist **lichwirk** dumm!"

💬 Verstehst du Sara?
Überlege mit anderen Kindern, was hier passiert ist.

● Schreibe den Text richtig ab. Kontrolliere mit einem Partnerkind.

Der kleine Drache Kokosnuss

 Alle erwachsenen Feuerdrachen sind zur Sommerinsel
in die warme Südsee geflogen.
Die Feuerdrachenkinder aber sind zurückgeblieben,
denn sie können noch nicht fliegen.

 „Das ist ungerecht", hat Kokosnuss protestiert,
als er seine Eltern die Reisetaschen packen sah.
„Sei nicht traurig, Kokosnüsschen", entgegnete Mette.
Mette ist die Mutter von Kokosnuss.

Und Magnus, sein Vater, sagte tröstend:
„So ist das nun mal, wenn man nicht fliegen kann.
Lerne fliegen, dann kannst du beim nächsten Mal
mit zur Sommerinsel."
Toller Winter, denkt Kokosnuss.

 Nach dem Unterricht bei der alten Fluglehrerin Proselinde
geht Kokosnuss hinunter zur Bucht.
So was Blödes, denkt er:
Den ganzen Winter über muss ich hier Fliegen üben,
dabei ist es in der südlichen Südsee bestimmt viel schöner!

 Kokosnuss stellt sich vor, wie warm es dort ist
und wie lecker das Eis dort schmeckt.
Lange träumt Kokosnuss so vor sich hin
und hat schon fast
den Geschmack von Schokoladeneis
auf der Drachenzunge,
als sich plötzlich das Wasser vor ihm teilt.
Etwas ganz Großes schwimmt direkt auf ihn zu.

„Ein Riesenfisch!", flüstert er.
„Nein, nein", sagt das große Tier, „ich bin kein Fisch.
Ich bin ein Wal. Ich heiße Kasimir."
„Kokosnuss."
„Merkwürdiger Name für einen Drachen."

„Mein Vater sagt,
ich war bei meiner Geburt
gerade so groß wie eine Kokosnuss.
Deshalb wurde ich so genannt."

 „Ach, so ist das", sagt Kasimir, und plötzlich wird er ganz traurig:
„Sag, Kokosnuss, kannst du mir helfen?
Ich komme allein nicht mehr aus der Bucht heraus.
Ein Eisberg hat sich vor den Ausgang geschoben."

Kokosnuss überlegt. Hm, ein Eisberg, hm.
Dann schnippt er mit den Fingern und ruft:
„Eis und heiß wird Wasser, stimmt's?"
Schnurstracks marschiert Kokosnuss zu dem Eisberg.
Kokosnuss holt tief Luft und speit einen gezielten Feuerstrahl
auf das Eis. Sogleich beginnt es zu schmelzen.

Zuerst nur ein paar Tropfen,
aber als Kokosnuss noch mehr Feuer speit,
fließt immer mehr Wasser vom Eisberg ins Meer,
bis nur noch eine kleine Eisscholle übrig ist.

Kasimir strahlt: „Toll, Kokosnuss!
Dafür hast du einen Wunsch frei!"
Da muss Kokosnuss nicht lange nachdenken:
„Bringst du mich in die südliche Südsee,
zur Sommerinsel der Drachen?"
„Hm, wir können es versuchen", sagt Kasimir.
„Stell dich auf meinen Rücken."

Aber als Kokosnuss mit beiden Füßen auf Kasimirs Rücken steht,
macht es blubb, und der Wal geht unter, als wäre er aus Stein.
„So geht es nicht. Du bist zu schwer für mich.
Lass mich überlegen", sagt Kasimir und taucht ab.
„Ich hab's!", ruft er, als er endlich wieder auftaucht.
„Hol ein langes, dickes Seil und zwei Holzstämme!"

Kurz darauf steht Kokosnuss wackelig auf zwei Baumstämmen
und hält sich an dem Seil fest.
Das andere Ende hat sich Kasimir zwischen die Zähne geklemmt.
„Bist du bereit?", ruft Kasimir. „Achtung, es geht los!"
Und er zischt wie eine Wasserrakete aus der Bucht hinaus
aufs Meer.

Kasimir schwimmt die ganze Nacht hindurch
und als am nächsten Morgen die Sonne aufgeht,
erreichen die beiden die Sommerinsel in der südlichen Südsee.
So kommt es, dass zum ersten Mal ein kleiner Feuerdrache
den Winter auf der Feuerinsel verbringt.

Ingo Siegner

● Welche Stelle gefällt dir am besten? Begründe.

●● Übe einen Absatz mit einem Partnerkind.
Schätzt dann ein, wie gut ihr ihn gelesen habt.

121

Der Punkt

Der Kunstunterricht war vorbei,
aber Ina saß wie festgeklebt
auf ihrem Stuhl.
Ihr Zeichenbrett war leer.

Inas Lehrerin beugte sich
über das leere Blatt Papier.
„Oh! Ein Eisbär im Schneesturm",
sagte sie.

„Sehr witzig", sagte Ina. „Ich kann einfach nicht malen."
Die Lehrerin lächelte:
„Mal einfach irgendwas und sieh, was passiert."

Ina schnappte sich einen Stift und knallte ihn
mit voller Wucht auf das Papier.

„Da!"

Die Lehrerin nahm das Blatt
und studierte es ganz genau.
„Hmmmm."
Sie schob Ina das Papier zurück und sagte ruhig:
„Jetzt schreib deinen Namen darunter."

Ina dachte einen Moment lang nach.
„Vielleicht kann ich nicht malen,
aber meinen Namen schreiben,
das kann ich."

Als Ina in der nächsten Woche zum Kunstunterricht kam,
war sie erstaunt zu sehen, was da über dem Tisch der Lehrerin hing.
Es war der kleine Punkt, den sie selbst gezeichnet hatte.

Ihr Punkt!
Eingerahmt in einen verschnörkelten Goldrahmen!

„Pah! Ich kann noch einen besseren Punkt machen als den da."
Sie öffnete ihren noch nie benutzten Wasserfarbkasten
und machte sich an die Arbeit.
Bei der Kunstausstellung in der Schule ein paar Wochen später
sorgten Inas Punkte für viel Aufsehen.

Ina bemerkte einen kleinen Jungen,
der sie anstarrte.
„Du bist eine wirklich tolle Künstlerin.
Ich wünschte, ich könnte auch malen."
Ina lächelte.
Sie gab dem Jungen ein leeres Blatt Papier. ...

Peter H. Reynolds

💬 Warum war Ina so wütend?
Was vermutet ihr?

🟡 Dieses Bild hat der Junge
dann auf das Papier gemalt.

Was kannst du aus einem Punkt
oder aus einem Strich machen?

Wolken

Wer weiß, was weiße Wolken waren,
bevor sie durch den Himmel fahren?
Ich lieg im Gras und schaue zu.
Zuerst kommt da ein weißes Gnu.

Dann dreht es sich und wird ein Bär,
danach ein Schaf, und bitte sehr:
Das Schaf sieht aus wie Onkel Rolf.
Er fliegt vorbei und wird ein Wolf.

Schon ist der Wolf ein Kakadu.
Ich lieg im Gras und schaue zu.
Bevor sie durch den Himmel fahren,
wer weiß, was weiße Wolken waren?

Jutta Richter

💬 Welche Wolkenbilder
könnt ihr erkennen?
🟡 Male ein
eigenes Wolkenbild.

Der Herbst ist da

T und M: Hans Reinhard Franzke

Der Herbst, der Herbst, der Herbst ist da, er bringt uns Wind, hei hus - sas - sa, schüt - telt ab die Blät - ter, bringt uns Re - gen - wet - ter, hei - a hus-sas - sa, der Herbst ist da.

2. Der Herbst, der Herbst,
   der Herbst ist da,
   er bringt uns Obst,
   hei hussassa.
   Macht die Blätter bunter,
   wirft die Äpfel runter,
   heiahussassa,
   der Herbst ist da.

3. Der Herbst, der Herbst,
   der Herbst ist da,
   er bringt uns Spaß,
   hei hussassa.
   Rüttelt an den Zweigen,
   lässt die Drachen steigen,
   heiahussassa,
   der Herbst ist da.

Warm ist mein Licht

T und M: Kathi Stimmer-Salzeder

Warm ist mein Licht, warm ist mein Licht,

scheint mir gra - de ins Ge-sicht. Trag' ich es in die

Nacht hi - nein, wird sie ein we - nig wär - mer sein, ein

we - nig wär-mer sein, ein we - nig wär-mer sein.

(Vor- und) Zwischenspiel

2. Hell ist mein Licht, hell ist mein Licht,
scheint mir grade ins Gesicht.
Trag ich es in die Nacht hinein,
wird sie ein wenig heller sein,
ein wenig heller sein, ein wenig heller sein.

3. Bunt ist mein Licht …

4. Froh ist mein Licht …

Kerzenspiel

Seht, die erste Kerze brennt.
kommt, wir feiern den Advent.
Meine Kerze leuchtet weit
und vertreibt die Dunkelheit.
Seht, die erste Kerze brennt,
und wir feiern den Advent.

Kommt ganz nah zu mir heran.
Zündet eure Kerzen an.
Tragt das helle Licht hinaus,
tragt es bis zu euch nach Haus,
dass es immer in euch brennt!
Ja, wir feiern den Advent.

Rolf Krenzer

127

Geboren ist ein Kind zur Nacht

Geboren ist ein Kind zur Nacht
für dich und mich und alle,
drum haben wir uns aufgemacht
nach Bethlehem zum Stalle.

Sei ohne Furcht, der Stern geht mit,
der Königsstern der Güte,
dem darfst du trauen, Schritt für Schritt,
dass er dich wohl behüte.

Ursula Wölfel

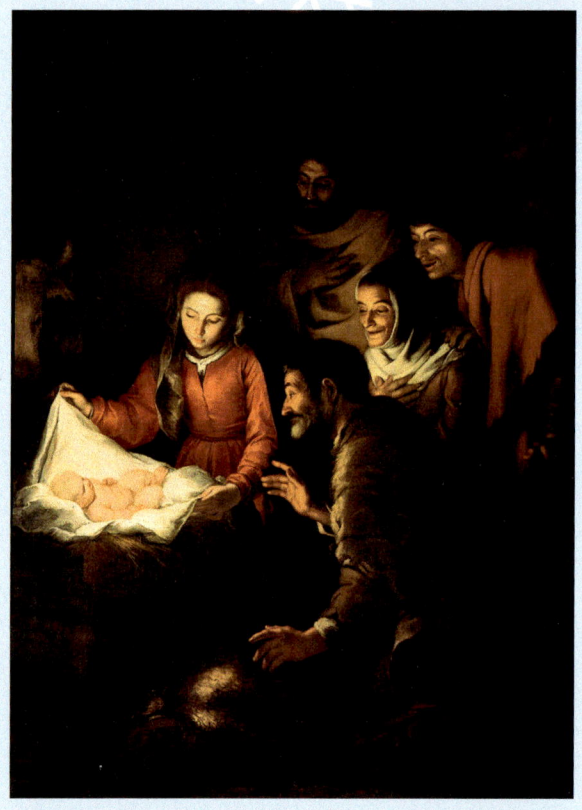

Welches Bild gefällt dir am besten? Begründe.

Spuren von winzigen Zehen

Was ist da im Schnee zu sehen?
Spuren von winzigen Zehen.

Eine kleine Maus –
hier kam sie heraus!
Verschwunden ist sie, husch,
in jenem Loch vor dem Haselbusch.

Zwischen den Tritten
fein
ein Strich.
Was kann's sein?
Da zog es das Schwänzlein
hinter sich drein.

Josef Guggenmos

💬 Welche Spur gehört zum Gedicht?

👥 Finde gemeinsam mit einem Partnerkind heraus:
Von welchen Tieren sind die anderen Spuren?
Beschreibe, woran man das erkennt.

🟡 Welche Spuren kanntest du schon?

Neujahr hier und anderswo

Lotta erzählt

In der Nacht zum 1. Januar
darf ich immer ganz lange aufbleiben.
Das ist die Silvesternacht.

Wir laden viele Freunde und
Verwandte ein.
Dann essen und spielen wir gemeinsam.

Wenn das neue Jahr beginnt, umarmen wir einander.
Wir wünschen uns alles Gute für das neue Jahr.
Dabei schauen wir das Feuerwerk am Himmel an.

Amira erzählt

Ich bin im Iran geboren.
Im Iran feiern die Menschen
das persische Neujahrsfest.

Es heißt Nouruz und wird im Frühling
am 20. oder 21. März gefeiert.

Die ganze Familie feiert zusammen.
Am Abend gibt es
leckeren Kräuter-Reis mit Fisch.

Auf dem Tisch stehen sieben Dinge,
die mit S beginnen.
Mit diesen Gaben wünscht man sich,
dass alle gesund bleiben.

Sib:	Apfel
Sir:	Knoblauch
Somagh:	ein säuerliches Gewürz
Sendsched:	getrocknete Lotuswurzeln
Serkeh:	Essig
Samanou:	eine Süßigkeit
Sabzi:	Kräuter wie Schnittlauch oder Kresse

Emre erzählt

In der Türkei feiern wir das islamische Neujahrsfest.
Es dauert zwei Tage und beginnt jedes Jahr
an einem anderen Tag.

Sieben Gaben sollen Glück und Gesundheit bringen:
Mehlbeeren, Süßgebäck, eine Münze,
grüne Weizentriebe, ein Apfel, Essig und Knoblauch.

Statt mit einem Feuerwerk begrüßen wir
das neue Jahr mit Trompeten und Posaunen.

Sara erzählt

Wir sind Juden und feiern das jüdische Neujahrsfest.
Das Fest heißt Rosch ha-Schana.
Es findet nach dem jüdischen Kalender am 1. Tischri statt.
Das ist im September oder Oktober.

Zum Rosch ha-Schana gibt es
Honigkuchen und Weintrauben.
Sie sind Zeichen dafür,
dass wir auf ein gutes Jahr hoffen.

Außerdem wird der Schofar geblasen.
Das ist eine Art Posaune
aus Kuh- oder Widderhorn.

💬 Vergleicht die Feste miteinander und sprecht darüber:
Was ist ähnlich und was ist anders?

ℹ💬 Welche Wörter kennt ihr noch nicht? Fragt oder schlagt nach.

Frühlingszeit – Osterzeit!

Ich freue mich schon auf Ostern!
Am Abend vor dem Ostersonntag
geht unsere ganze Familie in die Kirche.
Wir nehmen ein gebackenes Osterlamm mit.
Es wird dort am Altar vom Priester geweiht.

Am Ostersonntag frühstücken wir zusammen.
Zuerst essen wir dann immer das Osterlamm.

Einmal waren aber nur noch ein paar süße Krümel
und die Fahne mit dem Kreuz darauf da.
Mein großer Bruder hatte das leckere süße Lamm
einfach mitten in der Nacht aufgefuttert –
während wir alle schliefen!

Dafür wurden dann später bei der Ostereiersuche
für ihn nur halb so viele Ostereier versteckt wie für mich.
Tja, Pech gehabt, Bruderherz!

Filtertüten-Hase

1. Zeichne mit **Buntstiften** einen Hasenkopf,
   zwei runde Pfoten und zwei Füße
   auf **braunes Tonpapier**.

2. Schneide alle Teile mit einer **Schere** aus.

3. Nimm eine **Kaffee-Filtertüte** und
   einen **Klebestift**.
   Klebe oben den Kopf und vorne die Pfoten auf.
   Die Beine klebst du unten hinter die Filtertüte.

Die bayerische Vogelhochzeit

Zwoa Vogerl, de woin Hochzeit macha
do herin im greana Woid.
Fidirallalla, Fidirallalla, Fidiralla-llalla-lla.

Und wia des bei de Vogerl geht,
passt's auf, des werd euch glei verzoit!
Fidirallalla, ...

A Vogerl is net gern aloa,
drum suacht er si an andern boid.
Fidirallalla, ...

Er setzt si einfach auf'n Baam
und singt, wia a Vogerl singa soit
Fidirallalla, ...

Und hot er Glück, ja, dann kimmt boid
a Voglweiberl, dem des gfoit.
Fidirallalla, ...

Und wia de Gschicht jetzt weitergeht,
ja klar, dass ihr des wissen woit's.
Fidirallalla, ...

Rolf Zuckowski /
bayerisch: Margit Sarholz, Werner Meier

🟡 Kannst du diesen Liedtext gut lesen? Begründe deine Meinung.

👥 Lernt das Lied gemeinsam auswendig. Achtet auf eure Betonung.
Sprecht oder singt es anderen Kindern vor.
Wie gefällt ihnen euer Vortrag?

Annalill am 1. April

Morgens steht Annalill auf,
kämmt sich die Zähne,
bügelt ihre Haare und
duscht mit dem Telefon.

Dann guckt sie im Kühlschrank,
wie das Wetter ist.
„Heiß, aber kalt", sagt Annalill,
schlüpft in die Badehose und
schnallt ihre Schlittschuhe an.

Zum Frühstück streicht sie Zahnpasta
aufs Brötchen und trinkt die Milchstraße leer.
Dann gießt sie das Radio,
räumt das Licht auf
und bläst die Wasserhähne aus.

Und dann? Dann setzt sich Annalill
aufs Klavier und fährt in die Schule.
Dort zeigt sie dem Lehrer und
den Schülern ein Spiel. Das heißt:
„Annalill am 1. April!"

Elisabeth Mayenberger

Schreibt eine Strophe oder die ganze Geschichte
so, dass sie richtig ist. Korrigiert gemeinsam.

Schreibe eine eigene 1.-April-Geschichte.

Ich pflücke für dich Blumen

Ich pflücke für dich Blumen,
und male dir ein Bild.
Sag: „Mama, hab dich lieb!"
Bin brav und gar nicht wild.

Und obendrein bekommst du
noch einen dicken Schmatz.
Dann drückst du mich ganz fest
und sagst: „Mein lieber Schatz!"

Anita Menger

Supermann

Mein Papa ist ein Supermann
der einfach alles richten kann.

Er weiß ganz viel – ist echt gescheit,
zum Spielen mit mir gern bereit.
Ist groß und stark fast wie ein Bär,
trägt auf der Schulter mich umher.

Er wirft mich hoch und fängt mich auf –
und ich verlasse mich darauf,
weil Papa eben alles kann,
denn schließlich ist er Supermann.

Anita Menger

Sucht euch ein Gedicht aus.
Besprecht, wie ihr es am besten betont.

135

Klatschmohn

Der Feldesrand ist rot begrenzt,
von einer Pflanze, die du kennst.
Rot ist des Klatschmohns Blütenblatt,
pflückst du den Klatschmohn, fällt es ab.

Sabine Münstermann

Mein Pflanzensteckbrief

Name: Klatschmohn
Blütenfarbe: rot
Samen: schwarz
Samenkapsel: grün
Stängel: dünn, behaart
Blütezeit: von Mai bis Juli

Warum sind Bienen
so wichtig für uns?

Oh, sind diese Blumen schön!
Ob ich welche pflücken darf?

Darf man eigentlich mit dem Rad
über eine Wiese fahren?

Auf der Wiese am See
liegt oft ganz viel Müll.

Schaut mal,
da fliegt eine Libelle!

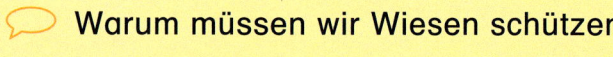

Warum müssen wir Wiesen schützen?

Informiere dich:
Welche Tiere leben in der Wiese?

Mäusewitz

Zwei Mäuse treffen eine Katze.
Die erste Maus fürchtet sich.
Die zweite beginnt zu bellen.
Da läuft die Katze erschrocken davon.
Sagt die zweite zur ersten Maus:
„Tja, Fremdsprachen muss man können!"

i ⌖ Findet heraus,
aus welchen Sprachen
die Wörter kommen.

Wenn einer eine Reise tut

Wenn einer eine Reise tut,
dann kann er was erzählen.
Drum nähme ich den Stock und Hut
und tät das Reisen wählen.

Matthias Claudius

Mimis Wörterliste

A a

aber
alle
als
also
die Ameise
antworten
der Apfel
die Äpfel
arbeiten
auf
die Aufgabe
das Auge
aus
das Auto

B b

das Baby
baden
backen
die Bank
der Baum
die Bäume
bei
die Biene
das Bild
die Bilder
die Birne
blau
bleiben
er/sie bleibt
die Blume

die Blüte
böse
brauchen
braun
bringen
er/sie bringt
das Brot
der Bruder
der Bub
die Buben
das Buch
die Bücher
bunt

C c

der Cent
der Clown
der Computer

D d

da
danken
das
denken
der
des
dich
dick
die
dir
doch

die Dose
du
dunkel
durch
dürfen
er/sie darf

E e

das Ei
das Eis
das Ende
eng
die Ente
er
es
der Esel
essen
er/sie isst
der Euro

F f

die Feder
fein
das Fenster
finden
er/sie findet
fragen
er/sie fragt
die Frau
der Freund
die Freunde

aber
Bilder

alle
essen

frisch
der Frühling
der Füller
für
der Fuß

G g

die Gabel
der Garten
geben
er/sie gibt
gehen
er/sie geht
gelb
  gelbe
das Gemüse
gesund
  gesunde
das Gras
die Gräser
groß
grün
gut

H h

haben
er/sie hat
der Hai
der Hase
das Haus
die Häuser
her
die Hexe

Freund
Hund

hier
der Himmel
hinter
hoch
holen
er/sie holt
hören
er/sie hört
die Hose
der Hund
die Hunde

I i

ich
der Igel
im
in
ist

J j

ja
das Jahr
der Junge

K k

der Kaiser
die Katze
das Kind
die Kinder
die Kiste
die Klasse

das Kleid
die Kleider
klein
kommen
er/sie kommt
können
er/sie kann
der Kopf
die Köpfe
krank

L l

laufen
er/sie läuft
laut
leben
er/sie lebt
legen
er/sie legt
leicht
  leichter
leise
lernen
er/sie lernt
lesen
er/sie liest
die Leute
lieben
er/sie liebt
liegen
er/sie liegt
der Löwe

Biene
die

139

Mimis Wörterliste

M m

machen
er/sie **macht**
das **Mädchen**
der **Mai**
malen
der **Mann**
die **Maus**
die **Mäuse**
mit
müssen
er/sie **muss**
die **Mutter**

N n

nach
die **Nadel**
der **Name**
der **Nebel**
nein
neu
nicht
nun

O o

oder
die **Oma**
der **Onkel**
der **Opa**

P p

packen
der **Partner**
das **Pferd**
die **Pferde**
die **Pflanze**
der **Pinsel**

Qu qu

das **Quadrat**
der **Quatsch**
die **Quelle**

R r

der **Rabe**
die **Raupe**
rechnen
er/sie **rechnet**
reden
er/sie **redet**
der **Regen**
reisen
er/sie **reist**
der **Ring**
rollen
er/sie **rollt**
rot
rufen
er/sie **ruft**

S s

sagen
er/sie **sagt**
das **Salz**
der **Satz**
die **Sätze**
das **Schaf**
scheinen
die **Schere**
schlafen
er/sie **schläft**
schneiden
er/sie **schneidet**
schon
schön
schreiben
er/sie **schreibt**
die **Schule**
schwarz
die **Schwester**
sehr
die **Seife**
sie
sieben
sind
singen
er/sie **singt**
sitzen
er/sie **sitzt**
so
sollen
er/sie **soll**

machen
malen

Nadel
Nebel

140

der **Sommer**
die **Sonne**
sparen
er/sie **spart**
spielen
er/sie **spielt**
der **Sport**
sprechen
er/sie **spricht**
der **Stein**
der **Stern**
der **Stift**
die **Stunde**
suchen
er/sie **sucht**

T t

der **Tag**
die **Tage**
die **Tante**
die **Tasche**
das **Telefon**
der **Tisch**
die **Tomate**
trinken
er/sie **trinkt**
tun
turnen
er/sie **turnt**

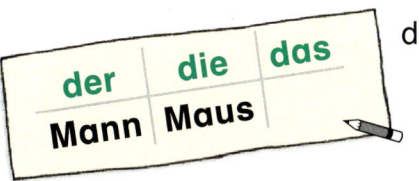
der | die | das
Mann | **Maus**

U u

üben
er/sie **übt**
über
die **Uhr**
um
und

V v

die **Vase**
der **Vater**
viel
der **Vogel**
die **Vögel**
vor

W w

warten
er/sie **wartet**
was
das **Wasser**
der **Weg**
die **Wege**
weil
weit
weiter
wer
die **Wiese**
der **Wind**
die **Winde**
der **Winter**

wir
wo
die **Woche**
der **Wolf**
die **Wolke**
wollen
er/sie **will**
das **Wort**
die **Wörter**
sich **wünschen**
die **Wurzel**

X x Hexe

das **Xylofon**

Y y

der **Yak**

Z z

die **Zahl**
zahlen
er/sie **zahlt**
zählen
er/sie **zählt**
der **Zahn**
die **Zähne**
zeigen
er/sie **zeigt**
die **Zeit**
die **Ziege**
zwei

Inhaltsverzeichnis

Meine Lerntipps!

Lesen macht Spaß!

Textquellen

17 Ute Andresen: Meine Mama mag Mäuse. Aus: ABC und alles auf der Welt, Beltz & Gelberg in der Verlagsgruppe Beltz; Weinheim und Basel 2002 – **45 Friedl Hofbauer:** Hände waschen (gekürzt). Aus: Minitheater-Verlag Kerle im Verlag Herder, Freiburg 1996. Erstveröffentlicht in: Links vom Mond steht ein kleiner Stern, Schroedel Verlag, Hannover 1977 – **57 Geburtstagsgrüße aus Deutschland:** www.balexa.de – **69 Dorothée Kreusch-Jacob:** Fünf Gespenster. Aus: Dorothée Kreusch-Jacob (Hrsg.): Da hüpft der Frosch den Berg hinauf. Ellermann Verlag, München 1987 – **81 Ute Andresen:** Zum Heulen. Aus: ABC und alles auf der Welt, Beltz & Gelberg in der Verlagsgruppe Beltz; Weinheim und Basel 2002 – **85 Alfred Könner:** Träume. Aus: Hans-Joachim Gelberg (Hrsg.): Die Stadt der Kinder. Beltz & Gelberg in der Verlagsgruppe Beltz, Weinheim & Basel 1972 – **87 Rolf Zuckowski** (Text und Melodie): Die Jahresuhr. Aus: Rolf Zuckowski, Die Jahresuhr © MUSIK FÜR DICH Rolf Zuckowski OHG (Sikorski Musikverlage), Hamburg – **88 Anna Möss:** Quak, quak. Aus: Mimi, die Lesemaus (Ausgabe E), Oldenbourg Schulbuchverlag GmbH, München 2008 – **96 Gilles Tibo / Zaü (Ill.):** Schwarze Augen (Textauszug und Illustration). Übersetzung: Géraldine Elschner / Gerda Wurzenberger. NordSüd Verlag, CH-Zürich 2005 – **98 Manuela Olten** (Text und Illustration): Echte Kerle (Auszug). © 2012 Beltz & Gelberg in der Verlagsgruppe Beltz, Weinheim/Basel – **107 Edith Schreiber-Wicke / Carola Holland** (Text und Illustration): Achtung! Bissiges Wort! (Auszug) © by Thienemann Verlag, Stuttgart/Wien 2004. www.thienemann.de – **112/113 Erwin Grosche:** Achtung, Wutüberfall! (Auszug, gekürzt) © 2007 by Gabriel Verlag (Thienemann Verlag GmbH), Stuttgart/Wien – **114 Cornelia Funke / Kerstin Meyer** (Text und Illustration): Käpten Knitterbart und seine Bande (Auszug, gekürzt) © Friedrich Oetinger Verlag, Hamburg 2002 – **116 Hans Georg Lenzen:** Anna versteckt sich. Aus: Hasen hoppeln über Roggenstoppeln. Bertelsmann Jugendbuch Verlag, Gütersloh 1972 – **118 Ingo Siegner** (Text und Illustration): Der kleine Drache Kokosnuss. Vorlesebilderbuch. (Auszug, gekürzt) © Cbj in der Verlagsgruppe Random House, München 2002 – **122 Peter H. Reynolds** (Text und Illustration): Der Punkt. Übersetzt von Julia Waltke. Deutsche Ausgabe © 2008 Gerstenberg Verlag, Hildesheim – **124 Jutta Richter:** Wolken. Aus: Hans-Joachim Gelberg (Hrsg.): Wo kommen die Worte her? Beltz & Gelberg in der Verlagsgruppe Beltz, Weinheim/Basel 2011 – **125 Hans Reinhard Franzke:** Der Herbst ist da (Text und Melodie). Fidula-Verlag, Boppard/Rhein – **126 Kathi Stimmer-Salzeder:** Warm ist mein Licht (Text und Melodie). Aus: CD/MC „VON INNEN RAUS" KS1; Instrumentalsatz zum Liederbuch „ZUR MITTE KOMMEN" KS2/NH © MUSIK UND WORT, D-84544 Aschau am Inn 1998 – **127 Rolf Krenzer:** Kerzenspiel / Seht, die erste Kerze brennt (gekürzt). Aus: Wenn die erste Kerze brennt. Strube Verlag GmbH, München/Berlin © Dagmar Krenzer-Domina (RN Rolf Krenzer), Dillenburg – **128 Ursula Wölfel:** Geboren ist ein Kind zur Nacht (gekürzt). Aus: Wunderwelt, 4. Schuljahr. Cornelsen Verlag, Berlin – **129 Josef Guggenmos:** Spuren von winzigen Zehen. Aus: Was denkt die Maus am Donnerstag?. Beltz & Gelberg in der Verlagsgruppe Beltz, Weinheim und Basel 1998 – **133 Rolf Zuckowski** – Bayerische Fassung: Margit Sarholz / Werner Meier: Die bayerische Vogelhochzeit (gekürzt) © MUSIK FÜR DICH / Polydor 2003 – **134 Elisabeth Mayenberger:** Annalill am 1. April. Aus: Spielen und Lernen 4 / 1980. Velber Verlag, Seelze 1980 – **135 Anita Menger:** Ich pflücke für dich Blumen – Supermann © Anita Menger. www.meine-festtagsgedichte.de – **137 Matthias Claudius:** Wenn einer eine Reise tut (frei)

Foto- und Bildquellen

25 Lama als Lasttier: dpa Picture-Alliance / DANIELLE LABORDE – **Lama als Wolltier:** © r.martens / shutterstock.com – **Lama spuckend:** © nneiole / shutterstock.com – **37 Ulmer Münster:** © Mikhail Markovskiy / shutterstock.com – **Schiefer Turm von Pisa:** © swisshippo / Fotolia.com – **Falterturm in Kitzingen:** Birgit Giehrt / mauritius images – **39 Dosen basteln:** Annette Webersberger, Neumarkt-Sankt Veit – **43 Nudeln essen / diverse Nudeln:** Johann Jilka, Altenstadt – **53 Walhai:** © Krzysztof Odziomek / iStockphoto.com – **54 Raketenstart:** ddp images / NASA / ULA – **Mondauto:** Getty Images, World Perspectives, Collection: Stone – **55 Astronautin:** action press / NASA – **60 Ringelnatter:** © Pavel Lebedinsky / iStockphoto.com – **Otter:** © Matteo photos / shutterstock.com – **Seeschlange:** © paulbcowell / iStockphoto.com – **Sandboa:** Andrea Ferrari / NHPA / Photoshot – **61 Nacktschnecke:** © openlens / Fotolia.com – **Schnirkelschnecke:** © Monika Kujawska / shutterstock.com – **62 Porto:** Getty Images / Maremagnum, Collection: Photographer's Choice – **Palacio da Bolsa:** mauritius images AGE / Mauritius – **Pfau:** © Roberto Marinello / iStockphoto.com – **82 hungrige Jungamseln:** mauritius images / Minden Pictures – **Amselnest (leer):** © tirc83 / iStockphoto.com – **Amseleier im Nest:** © Gertjan Hooijer / iStockphoto.com – **Flugversuch:** mauritius images / Alamy – **83 schlüpfende Amsel:** imago/blickwinkel – **brütende Amsel:** mauritius images / Roger Wilmshurst / FLPA – **85 Franz Marc: Der Traum.** mauritius images / United Archives – **89 Buchcover** – **Yoko mischt die Schule auf:** KNISTER. Covergestaltung: Melanie Garanin. 1. Auflage 2011 © 2002 Arena Verlag, Würzburg – **Ab heute sind wir cool:** Coverillustration von Susanne Opel-Götz © Verlag Friedrich Oetinger, Hamburg – **Altes Ägypten.** Reihe: WAS IST WAS, Band 70: Ägypten. Tessloff Verlag, Nürnberg – **Bitte anstellen!:** Tomoko Ohmura; aus dem Japan. v. Ursula Gräfe. Moritz Verlag, Frankfurt/Main 2012 – **Maras fast perfektes Pony:** Melanie Garanin © Verlag Friedrich Oetinger, Hamburg 2012 – **Wie Großvater schwimmen lernte:** Viola Rohner / Dorota Wünsch. Peter Hammer Verlag, Wuppertal 2011 – **Ist 7 viel?:** Antje Damm. Moritz Verlag, Frankfurt/Main 2009 – **Eisige Welten:** Ingo Arendt / Monika Lange © Fischer Kinder- und Jugendbuch Verlag GmbH, Frankfurt am Main 2011 – **Chester:** Coverillustration von Mélanie Watt © Verlag Friedrich Oetinger, Hamburg – **Hörbuch: Lena wünscht sich auch ein Handy:** Kirsten Boie / Silke Brix. „Lena wünscht sich auch ein Handy & Lena hat eine Tierkümmerbande" © 2009 JUMBO neue Medien & Verlag GmbH, Hamburg. Mit freundlicher Genehmigung der JUMBO Neue Medien & Verlag GmbH (www.jumbo-medien.de) – **96 Cover und Originalillustrationen** – Schwarze Augen: Gilles Tibo / Zaü (a. a. O.) – **98/99 Cover und Original-Illustrationen** – Echte Kerle: Manuela Olten (a. a. O.) – **104 Ritter Rost** – Plakat, Screenshots: © Caligari/ZDF/Universum – **DVD-Cover:** (P) 2013 Sony Music Entertainmet Germany GmbH. All trademarks and logos are protected. Made in the EU © 2013 Terzio / Carlsen Verlag GmbH, Hamburg. Terzio ist eine Marke der Carlsen Verlag GmbH – **107 Cover und Original-Illustrationen** – Achtung, bissiges Wort!: Edith Schreiber-Wicke / Carola Holland (a. a. O.) – **113 Cover** – Achtung, Wutüberfall!: Erwin Grosche (a. a. O.) – **114/115 Cover und Original-Illustrationen** – Käpten Knitterbart und seine Bande: Cornelia Funke / Kerstin Meyer (a. a. O.) – **118–121 Cover und Original-Illustrationen** – Der kleine Drache Kokosnuss: Ingo Siegner (a. a. O.) – **122/123 Cover und Original-Illustrationen** – Der Punkt: Peter Reynolds (a. a. O.) – **128 Bartolomé Esteban Murillo: Die Anbetung der Hirten (1646):** akg-images – **Susanne Schmich: Krippendarstellung:** © Susanne Schmich – **Krippenbild aus Westafrika:** Getty Images / Godong, Collection: Universal Images Group – **129 Eichhörnchen:** © JGade / Fotolia.com – **Spatz:** © Manamana / shutterstock.com – **Fuchs:** © MLawrence1964 / shutterstock.com – **Schneehase:** © photos_martYmage / iStockphoto.com – **130 Feuerwerk:** © DeVIce / Fotolia.com – **Nouruz-Gaben:** imago / UPI Photo – **131 Schofar:** dpa Picture-Alliance / epa afp Abdelhak Senna – **136 Klatschmohn:** © lilly3 / iStockphoto.com